Baek Sun Wook's

상상노트

susukeki

상상노트의 평범한 비밀

이 책에는,
음악이 있는 곳으로 가는 링크가 숨겨져 있습니다.

우선,
휴대전화의 사진기 앱을 켜주세요.
책 안의 이곳저곳에 있는 점으로 만들어진
네모 모양의 QR코드에 초점을 맞춥니다.
초점이 맞으면 중앙에 노란 글자가 보일 겁니다.
작은 글자를 누르시면 해당 페이지를 위해 만든
음악 사이트로 자동 연결되어 연주가 시작될 거예요.

훌륭하거나 대단하지는 않지만,
느낌을 놓칠까 열심히 밤을 지새우며 만든 것들입니다.
글, 음악, 미술, 영상….

사실,
모든 예술 작품은 보는 이의 취향에 따라 호불호가 정해지잖아요.
운 좋게 이 책에 실린 저의 마음들이
온전히 당신에게로 전해지길 바랍니다.
그래서 이 방대한 우주의 시간 속에서
잠시라도 서로 공감할 수 있다면 참 좋겠습니다.
내내 행복해주십시오.

2024년 12월, 백선욱 DREAM

상 상 노 트

ⓒ 백선욱, 2025

想像 아닌 像想하다

"사진을 찍는다는 것은
머리, 눈, 그리고 마음을 같은 축에 두는 일이다."

프랑스 사진작가 앙리 까르티에 브레송은 사진을 단순한 기술이 아니라 내면과 외면이 교차하는 예술의 순간으로 보았습니다. 한 장의 사진에는 현실과 그것을 바라보는 사람의 감정과 의식이 담겨 있으며, 이는 그가 우리에게 제안한 상상이 아닌 '像想'의 과정입니다.

보통 '상상'하면 想像을 떠올립니다. 이는 경험하지 않은 현상이나 사물을 마음속으로 그려 보는 일이며, 내적 기억이나 새로운 이미지를 만들어내는 창조적 행위입니다. 그런데 나에게 상상은 단순한 想像에 그치지 않고, 이미 눈앞에 존재하는 것을 탐구하고 해석하며 새로운 의미를 발견하는 '像想'의 과정입니다.

사진을 찍고 음악을 만들며 글을 쓰는 행위는 모두 같은 맥락에서 이루어집니다. 사진은 단순한 현실의 기록을 넘어, 순간의 감정과 의도를 담아내려는 작업입니다. 마찬가지로 음악 역시 감각적으로 느끼는 소리와 멜로디를 통해 감정과 메시지를 형상화하는 예술입니다. 글쓰기는 눈에 보이지 않는 생각을 구체적인 언어로 풀어내며 삶을 다시 조명하는 과정입니다.

'像想'은 단지 상상의 결과물이 아닌, 존재하는 것을 바탕으로 한 새로운 해석의 여정입니다. 창작의 모든 순간, 나는 현재에 머물며 동시에 과거와 미래를 떠올립니다. 셔터를 누르는 순간처럼, 음 하나를 쌓아가는 순간처럼, 단어를 고르고 이야기를 엮는 순간처럼, 각각의 창작 행위는 나의 의식과 감정이 교차하는 지점에서 현실을 재조명합니다.

오랜 세월 동안 나의 사진과 음악, 글쓰기는 기술적인 발전과 더불어 내면의 깊은 상상으로 확장되었습니다. 시대가 변하고 기술이 발전하며 창작의 방식은 달라졌지만, 진정한 창작의 가치는 그 순간을 포착하는 타이밍과 마음이 실린 해석에 있습니다.

이 책 '상상노트'는 단순히 지나가는 **想像**이 아닌, 실재하는 현실을 바탕으로 한 나의 작은 통찰과 발견을 담고 있습니다. 사진과 음악, 글이 어우러져 내 삶의 순간들을 새로운 의미로 조명하고, 그 안에서 이야기를 찾아가는 '像想'의 기록입니다.

2024년 겨울에

 9

 37

새는 노래한다

대지에 스며든 봄의 속삭임

뜨겁게 타오르는 여름의 숨결

황금빛으로 물드는 가을의 여운

그리고

고요 속에 깃든 겨울의 따스함을

축복받은 사계절 속에서

우리의 모든 순간은

오묘하고 찬란하다

Baek Sun Wook's
IMAGINATIVE REFLECTION NOTEBOOK

83

123

 像想 - Seal Engraving Art by 옛길 金光東

SPRING

Whispering

매화찬 梅花贊

아마, 꽃을 피우려다 피어버린 것은 아니었을 게다.
시간의 울에 갇힌 채
언제 올지 모르는 봄을 기다리며
밤새 부는 칼바람에도 몸 떨며 버티던 날들.
아직은 시린 2월의 오후,
함박진 눈송이가 한없이 안겨 오더니
그 거룩한 환대에 못 이겨
새로 오는 봄날을 선포하나니
Spring is calm, coming.

백선욱의 상상노트

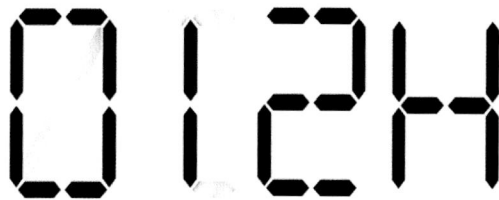

나의 미래도,
아직은
'거꾸로 누워있을 뿐'

나의 인식 기록도
OIZH

미래

아름다운 재회

다시 봄을 본다

부드러운 바람과 순수하고 환한 햇살, 싱그러운 냄새

지난 계절을 다 씻어 버리고 찬란한 색채로 가득 채운 새봄

이 화려한 봄날에 눈을 뜰 수 있다는 것만으로도 얼마나 큰 축복인지

봄의 소리에 귀 기울이며, 그 은은한 노래에 취해가고 있다

아름답고 소중한 순간들에 감사하는 오늘,

살짝 얼굴을 적시고 지나는 봄비마저 가슴을 뛰게 한다

꽃들이 미소지며 세상에 인사하는 봄과 오늘 다시 만나다

바람이 일렁인다
강물이,
작은 배가,
바람결 탄 당신 눈빛도

어느 계절 그날처럼
속 깊은 멀미가 시작되려나

숨 따라 흔들리는
투명한 울음 BLUE

오열
嗚咽

香 향

살아있는 것은 모두 흔들린다/
단 한 번이라도/ 뜨거운 사랑을 해 본 사람이면/
그 흔들림이 무엇인가를 안다/ 그 어지러움이 무엇인가를 안다/
그대가 머물다 간 자리에/ 바람이 불어와도/ 넘어지고 쓰러지는 것에/
덤덤해지고 무뎌진다/
살아있는 모든 것은 다 흔들린다
- 오창극의 시집 《살아있는 모든 것은 다 흔들린다》 중에서 -

습기를 잔뜩 머금은 바람이 화단을 스친다

여린 꽃술은 중심 잡기에 여력이 없다

바람에 부대끼는 몸을 맡긴 채,

흥을 타고 있다

흔들리는 색들이 섞였다가 풀리고

잠시 눈을 감고 열기에 섞인 달짝지근한 꽃향기,

향기는 기억을 소환하는 힘이 있다

내가 누구인지 여기는 어디이며 나는 무엇을 하고 있는 것인지

어쩌면 이미 다 아는 일이고 사춘기 때에나 해 보았을 생각일 텐데

수십 년이 지나도 역시 아무것도 대답할 수가 없다

또 한차례 꽃향기가 목에 걸린다

불현듯 내 몸의 중심이 소리 없이 허물어진다

휘청거리는 종아리에 애써 힘을 주어본다

1976년 봄은, 왈츠

세븐 투 쓰리, 에잇 투 쓰리, 원 투 쓰리, 투 앤 투 쓰리, 쓰리 앤 투 앤 쓰리.
 출근하는 사람들 발걸음이 경쾌하다. 아침이 여유로운 나는 근처 풍경공원으로 발걸음을 옮긴다. 얼굴을 스치는 상쾌한 바람에 꽃향기가 잔뜩 묻어온다. 꽃비다. 일순 함박눈처럼 시야를 가득 채운 꽃잎들은 공중 부양 중이다. 이 멋진 순간을 맞이하려니 아련한 현기증이 밀려온다.
 1976년. 그해, 나는 고등학생이 되었다. 전국 순위 4위 안에 드는 명문 고등학교에 입학한 것이다. 악몽의 고교입시제도가 없어지지 않았더라면 꿈도 못 꿀 학교다. 연합고사에 합격하면 소위 뺑뺑이라는 추첨으로 학교를 무작위배정 받는다. 자신의 거주 학군에 배속되는 것이 일반적인데, 우리 학교는 달랐다. 고교 평준화 정책의 하나로 오히려 학습 수준을 하향해야 하는 공동학군에 속한 고교라 서울시 각지에서 선발된 다양한 학생들이 모였다. 그러나 고교 평준화의 혜택을 받아 쉽게 입학한 나의 학교생활은 평탄하지 않았다.
 믿을 수 없겠지만 남녀칠세부동석이란 말이 실제 영향을 미치던 시절이었다. 남녀 학생이 함께 있어도 용인되는 공간은 교회밖에 없을 정도로 제약이 심했다. 그런 줄도 모르고 도덕 과목의 '건전한 이성 교제'를 철석같이 믿은 나는 호기심에 많이 들떠있었다.

1학년 3반의 연합, 당시 근처 길 건너의 여고 신입생들과 반 단위 규모의 미팅을 기획했다. 날짜는 4월 초파일 일요일, 장소는 건전하게 덕수궁 근정전 앞. 모든 준비는 순탄했다. 반 정원의 절반이 조금 넘은 34명의 신청이 접수되었다. 여고 측은 33명, 내가 빠져서 인원을 맞추기로 하고 거사 일을 기다렸다. 그런데 이틀을 남긴 금요일, 부모님이 고교 교사로 계신 K가 느닷없는 정보를 들고 왔다. 일요일에 경찰관까지 대동한 교사들의 대규모 교외지도가 펼쳐진다는 것이다. 우리가 무슨 상관있냐고 했더니 이유를 막론하고 무조건 이성 교제는 단속의 대상이라고 한다. 일단 우리 반에는 행사가 취소되었음을 통고했다. 그러나 여학생들이 문제다. 연락할 방법이 없었다. 하교 시간이 달라 금요일은 그냥 넘어가 버렸다. 토요일 조퇴하고 여학교 주변에 계속 서 있었지만, 교문 근처에는 갈 상황도, 용기도 나지 않았다.

결국 일요일, 나는 혼자 덕수궁으로 갔다. 세상은 꽃 천지였다. 약속대로 근정전 앞에는 흰색 교복을 입은 여학생들이 모여 있었다. 사람들이 많아 다행이라는 생각이 들었다. 환한 미소의 여고 대표에게 홀로 온 이유를 말하고 다음을 기약하며 돌아선 순간, 대여섯 명의 어른들이 나를 둘러싼다. 순간적으로 판단해야 했다. 상춘객들이 많아 도망가기는 쉬워 보였다. 하지만 죄를 지은 것도 아닌데. 그래 당당하자. 두 명의 사복 경찰과 교육부 소속의 교사 합동 단속반이라고 소개한다. 나 같은 녀석들 때문에 휴일도 없다며 책으로 내려치기에 피했더니 심기가 상했나 보다. 그때부터 상황이 좋지 않았다. 교복을 입고 다니는 불량 학생이 어디 있냐며 도덕 과목의 건전한 이성 교제를 언급했지만, 여기저기서 날아오는 주먹에 곧 나의 입은 틀어막혔다.

그 일은 내게 중요한 전환점이 되었다. 한 달 후 서울교육지원청에서 내 이름이 선명한 공문이 날아왔다. 하루아침에 우등생 그룹에서 밀려나 말썽꾼이 되어 학생부실로 끌려갔다. 단속반 앞에서 나의 태도가 너무나 불량했으니 필히 엄벌하라고 했다는 것이다. 게다가 정학 기간에 급우와 싸우는 바람에 가중처벌을 받아 계속 학교를 다니는 것조차 어려워졌다. 결국 편법으로 몸이 아프다는 사유로 휴학계를 내고 다음 해 복학하기로 했다. 1976년 5월 어느 날, 결국 책상을 정리했다. 교실을 나와 빈 교정에서 한참을 서 있었다. 라일락 꽃잎들이 떠다니고 있었다. 세상이 온통 아름다운 날, 나는 가방을 안고 한참을 울었다.

도시의 돌계단을 비집고 피어난 이름 모를 작은 꽃의 세계에도 공평한 질서와 프랙털이 존재한다. 꽃들은, 누가 보아주지 않아도 피고 지고, 또 피어난다. 어쩌면 어린 날 나의 흔들림에도 필연의 이유가 있었을지도 모른다.

지금 또 꽃잎들이 날린다. 실바람에 안겨 탱고와 살사를 추어 가면서 말이다.

도시의 케렌시아 Querencia

 초록빛 아침, 아파트 옆 산책길에서 작은 새를 만났다. 구글렌즈로 검색해보니 딱새라는 이름의 텃새다. 아마도 우는 소리 덕에 외모와 걸맞지 않은 이름을 얻었나 보다. 귀엽고 예쁜 모습이 마음을 설레게 한다. 근간 여러 상황으로 무거워진 마음이 휘발되는 기분이다. 발걸음에 리듬이 따라온다.

 90년대 말 국내 모 자동차회사의 유럽 자동차 광고 제작을 위해 독일의 쾰른에 머문 적이 있다. 당시 쾰른은 전통과 개혁의 문화가 어우러진 새로운 문화의 메카로 부상하는 중이었다. 그곳에서 인상 깊었던 것은, 오래된 성을 개조한 광고회사였다. 회사에 들어선 순간 성 내부를 보고 놀랄 수밖에 없었다. 손대지 않은 성의 골격이나 벽이 첨단 인테리어와 절묘하게 어울리고 있었고, 커다란 페치카 앞에 길고 낮은 테이블이 있는 회의실은 일본식 로바타야키 식당의 의자처럼 바닥을 파내어 회의장의 긴장을 줄여주기에 충분했다. 작은 성을 떠나 대문까지 이어지는 그림 같은 숲길에는 토끼들과 다람쥐가 노닐었다. 유럽의 TV 광고 제작 부문에서 1, 2위를 놓치지 않는 회사의 유연한 제작 환경이 매우 부러웠다.

숙소였던 원형 타워 건물인 바세르툼 호텔Hotel im Wasserturm은 더 큰 감흥을 주었다. 유럽에서 제일 높고 오래된 급수탑을 개조하여 만든 호텔이다. 쾰른 대성당처럼 2차 세계 대전 후 폐허로 남아있다가 1990년에 300,000개의 벽돌을 외벽에 쌓아 올려 호텔로 개장했다. 호텔 안에 미슐랭 스타 레스토랑이 2개가 있고 도시 최고의 전망을 가진 것도 대단한 특색이지만, 객실은 그 자체가 감동이다. 88개의 객실은 모두 전혀 다른 컨셉으로 내부가 디자인되어 머무는 동안 일상적인 숙박시설이라기보다 예술작품 속 안에서 지내는 느낌이다. 더구나 호텔을 드나들 때 거쳐야 하는 산책로에는 노루들이 평화롭게 앉아있거나 풀을 뜯고 있어서 보는 것만으로도 큰 위로가 되었던 기억이 선명하다.

얼마 전 한양대학교 안산 에리카 캠퍼스에 일정이 있어 방문했을 때다. 본관 앞을 지나는데 뭔가 커다란 물체가 차 앞으로 달려들어 놀라서 보니 고라니다. 여유롭게 뛰어가는 뒷모습으로 보아 녀석의 산책은 일상처럼 보인다. 캠퍼스 가까이 산을 접하고 있어서 일어난 일이다. 다행히 별일은 없었지만, 대학 캠퍼스 내를 활보하는 고라니를 보니 우리의 환경도 많이 좋아졌다는 생각이 들었다.

자연과 친화된 공간의 혜택은 오롯이 우리의 몫이다. 온난화와 이상 기온, 그리고 예측 불가능한 자연재해 등은 인간이 자행한 생태계의 교란과 파괴가 부른 문제들이다. 자연은 인간과 유기적으로 연결되어 있다. 지구 역시 하나의 생명체다. 이제는 따뜻한 눈길로 자연을 대하며 함께하는 삶을 꾸려 나갈 차례가 아닌가 싶다. 이상적인 안식처 케렌시아는 더는 관념이 아니다. 도시의 곳곳에서 자연과 병존하며 우리의 고단함을 달래줄 테니.

모네의 연못

 미술 교과서에서 보던 그림의 실물을 미친 듯 찾아다닌 시절이 있다.
 나의 30대에 작심한 여행 계획은 대륙과 도시를 넘나들며 미술관과 박물관을 중심으로 여행의 랜드마크를 삼는 것이었다. 그러나 바쁜 업무 속에서 여행의 시간을 내는 일은 거의 불가능했다. 쉼 없이 일해서 쌓은 연차와 월차 일부를 써서 매년 보름 정도를 미술관 탐방에 할애했다. 계획은 생각보다 늘어져 10여 년 만에야 루브르와 오랑제리, 오르세 미술관, 퐁피두 센터, 바티칸 미술관, 대영 박물관, 게티 미술관, 우피치 미술관, 고흐미술관, 런던 대영 박물관을 섭렵했다. 그 외 몇 군데 놓친 곳도 있었지만, 계획한 나름의 목적은 달성했다.
 책에 실린 그림에 비해 생각보다 작아서 실망한 적도 많다. 하지만 눈을 크게 뜨고 몇 발짝 뒤로 가야만 전체가 보이는 커다란 작품이 대부분이었다. 감상의 수준이 미천한 탓인지 캔버스가 크면 감동도 크다. 거대한 그림 앞에 서면 거장들의 오래된 숨결이 바로 앞까지 온 것 같은.

한동안 내게 깊은 여운을 남긴 작품 중 모네의 그림을 지나갈 수 없다. 르네상스의 종교적 무거움을 벗어던지고 순간을 화폭에 남긴 선구자이기 때문만은 아니다. 모네의 수련 시리즈는 250여 편 중 불과 20여 작품밖에 만나지 못했지만 빛이나 색의 이해도가 탁월한, 세상이 인정하는 걸작들이다. 동일한 연못이라는 한정된 공간에서 시간과 날씨의 변화에 따라 거친 붓 터치로 남긴 수련 연작은 마치 관람하는 사람을 물아일체 시키는 임장감의 힘이 있다. 데뷔할 당시 미술 세계는 그를 탐탁지 않게 생각했다. 진지함과 종교적 장엄함이 가득한 세밀화가 주류였기에 대충 그리다 만 것 같은 그의 작품을 인정하기엔 무리가 있던 시절이다. 모네는 주류에서 밀려난 사람들의 전시회에서 '해돋이'라는 첫 작품을 출품한다. 제목이 약하다는 지적에 '해돋이' 앞에 '인상'이란 단어를 더해 'Impression, sunrise'로 정한 것이 '인상파'라는 문예의 큰 조류를 만들고 이후 두 세기를 거치며 대중의 폭발적인 사랑을 받는다.
　이건희 회장이 기증한 모네와 고갱, 샤갈의 회화 작품과 피카소의 미공개 도자까지 한자리에서 볼 수 있는 전시회가 멀지 않은 동물원 옆 미술관에서 열렸는데도 가보질 못했다. '모네와 피카소, 파리의 아름다운 순간들'. 다시 기회가 온다면 인상주의, 후기 인상주의, 입체주의, 초현실주의 대표 작가들의 작품들을 꼭 실물로 만날 것이다. 당연히 모네의 작품은 말할 것도 없이. 다시 한번 그의 연못에 흠뻑 빠져서 그가 본 하늘과 수면, 수련들의 향연을 함께 해야지.

마술단추

 어릴 적에 우리 집은 잠시 머물다 가는 손님들이 끊이지 않았다. 몇 달씩 머무는 군식구도 많았다. 손님들 때문인지, 우리 집에는 항상 갈 바 없는 단추들이 많았다. 조광표 마크가 붙은 하얗고 각진 와이셔츠 상자를 가득 채운 단추들. 제각기 다른 모양의 색색의 단추들은 장난감 대신 가지고 놀기에 좋았다.

 단춧구멍에 실을 통과시키고 양쪽으로 잡아당기면 실이 꼬였다가 풀리면서 회전을 시작한다. 단추가 클수록 감겼다가 풀리는 시간이 길어 회전감이 커진다. 가벼운 단추일 뿐인데 손가락에 걸린 실을 통해 전달되는 반발력은 상당해서 놀잇감으로 손색이 없었다. 대부분 단추는 동그랗고 납작한 모양에 구멍이 2개 혹은 4개 뚫린 형태인데, 가끔은 특이한 모양이나 소재로 된 것들도 있다. 특별히 좋아하던 단추는 나무로 된 왕 단추다. 신기하게도 가끔 고막을 찢을 듯 하늘을 날아다니던 쌕쌕이 비행기 소리를 냈다. 네모난 모양이나 삼각형의 단추는 그다지 회전력이 좋지 않아 실에 꿰어 돌리는 놀이에는 마땅치 않다. 색이 특별하거나 독특한 모양의 단추들은 나만의 왕국 놀이에서 병정이 되기도 하고 공주나 왕자가 된다. 천으로 감싼 단추나 똑딱이 단추, 끈을 꼬아 만든 단추들은 체스의 말처럼 일렬로 세워 백작이나 남작의 대우를 받았다. 특별히 리퍼 코트 reefer coat에 달린 금색이나 은색의 단추들은 표면에 각인된 문양 때문에 왕자의 외투를 대신했다.

좋아하던 옷이 있었다. 당시 유행하던 후드가 달린 파란색 영국식 더플코트duffel coat다. 남자 동생이 없어 입다가 작아진 옷은 친척들에게 주곤 했는데 그 옷은 줄 때 아래 단추 하나를 떼어 보관하고 보내서 늘 마음에 걸렸다. 지금 보면 참으로 별것도 아닐 텐데 왜 그리 좋아 보인 걸까. 어른 새끼손가락 크기의 흰색 코뿔소 뿔 모양의 단추는 뼈로 되어 있으며 실 꿰는 곳이 고래의 숨구멍처럼 작게 뚫려 있다. 아라비안나이트에서나 나오는 상아로 된 마술 단추라고 상상하며 소중히 지니고 다녔다. 왠지 알라딘의 램프처럼 손에 쥐고 문지르면 마술 같은 일이 벌어질 것 같아서다. 그러나 그런 일은 일어나지 않았다. 어느 날 하굣길에 윗동네 사는 4학년 형이 내 손을 억지로 열고 단추를 빼앗아 달아났다. 형의 집으로 찾아갔다. 단추를 어디엔가 버렸다고 하는 형의 얼굴이 못내 미덥지 않았지만, 달리할 수 있는 것도 없었다. 팔방 무늬의 색 구슬 두 개를 대신 받아 들고 돌아오던 혜화동 골목길의 흐린 가로등 불빛이 기억에 선하다.

  세월이 흘렀다. 단추들은 유행에 따라 모양과 재질을 바꾸며 남아있다. 여전히 옷을 여미는 제 기능에 충실하기도 하지만 와이셔츠 상자를 나와 사이버 공간에도 자리 잡았다. 세상을 여닫는 스위치가 된 것이다. 누군가와 소통을 돕거나 집안의 살림살이를 제어하고 수많은 정보의 문을 열어준다. 어린 시절 가지고 놀았던 단추들이 어떤 옷에 달려 있었는지 알려준 것도 모니터 안의 단추 덕이다. 단추는 체스판에 말을 놓듯 나의 의견을 세상에 전한다. 좋아하는 가수와 노래를 선택하게도 하고 나라의 정치를 움직이는 데에도 쓰인다. 진화된 단추의 세상이다. 잃어버린 줄 알았던 상아로 된 단추는 어느결에 마술의 단추가 되어 내 손을 떠나지 않고 있다.

비록, 종이배

세상의 모든 소음 저 멀리 사라지고 달빛만이 은은하게 그대의 길 비추는 시간. 고요히 흐르는 물살은 속삭이듯 안개를 품고 아직은 아무도 모르는 은밀한 이야기를 감싸 안네. 그대는 아는가, 이 밤의 깊은 뜻을. 잠들지 않은 꿈들이 모여 희망의 별을 향해 나아가는 이 순간을. 찬란한 내일을 기다리며, 고요히 흘러가는 아득한 어둠 속에서도, 그대 두려워 마시라. 그대의 작은 마음속에 이미 광활한 바다 열리고, 무한히 넓은 하늘 펼쳐져 있으니. 그저 물결 따라 바람 따라, 그리 흘러가다 보면 언젠가 그곳에 닿지 않겠는가. 그러면 나는 그때 이 작은 배가 품은 무한한 꿈의 끝자락에서 환히 빛나는 내일을, 한 점의 빛으로 마주하리라.

백선욱의 상상노트

유리에 담긴 아침

블라인드 사이로 봄 햇살이 찰랑이고 있다. 3월의 첫 아침을 게으른 기지개로 맞이하다니. 계절에 대한 인사는 아닌 듯싶다. 늘어진 하루의 시작은 따뜻한 한 잔의 차로. 오늘은 커피 대신 '청일수'라는 귀한 한방차를 브랜디 잔에 가득 채운다. 투명한 갈색 차는 우아하면서도 따스한 정감이 넘친다. 한 모금 가득 입에 머금고 잔을 살살 돌려본다. 이 차는 맑고 서늘한 맛에다 깃든 향기 또한 부담스럽지 않아 좋다. 잔에 투영된 긴 햇살이 식탁보 위에 일렁인다.

언젠가부터 철이 바뀔 때마다 문득문득 이번이 생의 마지막 계절이 아닐까 생각한다. 힘들게 겨울을 보낸 일이 무색하게도 새파란 봄의 생명력 앞에서 느닷없는 무기력함이라니. 이 계절이 어디엔가 두고 온, 아쉬운 채로 들고 온 몇 개의 기억들. 추억이라는 파일이 열렸다가 닫히는 시간대이기 때문일까. 오늘이 마지막이라 해도 사실은 안타깝거나 아쉬움은 없다. 《살아라, 오늘이 마지막 날인 것처럼》. 오자와 다케토시의 책 제목처럼 그렇게.

내가 기억하는 첫 번째 봄은 언제였을까. 아마 지금의 초등학교인 국민학교 입학식 때인 것 같다. 굵은 털실로 짠 개 바지와 답답한 내복에서 해방되어 남색 반바지에 검정 타이츠를 신고 혜화동 교정에 섰다. 살얼음이 밴 땅풀림 운동장에서 만난 따스한 햇볕과 내 작은 그림자. 커다란 스피커에서 왕왕대는 선생님들의 낯설고 거센 말소리. 비닐이름표와 손수건을 가슴에 달고 시린 발을 비비며 제자리걸음을 하다 보면 겨우내 얼어있던 땅은 얼음물을 뱉는다. 담쟁이덩굴이 감싼 일본식 3층 건물의 1층. 삐걱대는 나무 복도를 따라 1-15 팻말이 달랑대는 교실로 들어갔을 때, 먼저 와서 앉아있는 낯선 얼굴들에 잔뜩 주눅이 들었던 그 순간이 내가 첫 번째 봄을 느낀 순간이 아니었을까.

매년 봄은 나의 학년과 반 그리고 급우 등 환경을 한꺼번에 교반해 주었다. 나는 이 생경한 변화에 늘 알 수 없는 기대를 하며 계절 치레를 한 것 같다. 그러다 사춘기 무렵 또는 그 즈음의 새로 온 어느 봄날, 사업하시던 아버지가 구속되었다. 처참하게 집이 몰락되는 시작 앞에서 내가 할 수 있는 것은 무엇 하나 없었다. 잔인한 봄은 후암동 교정에 라일락 꽃잎이 휘날리다 멈추기를 반복할 무렵까지도 계속되었다. 아버지는 무죄판결을 받고 출소했지만, 막역했던 친구와 부하직원들의 배신으로 회사의 모든 경영권을 잃었다. 결국, 화병을 얻고 오래지 않아 아버지는 우리 곁을 떠나셨다.

수많은 봄은 그 후로도 내 앞으로 다가와 꽃들과 희망과 기대, 그리고 실망을 안겨주고 사라져갔다. 가늠할 수 없는 엄청난 생명력의 봄들이 피고 또 졌다.

젊다는 사실조차 잊은 채 치열하게 살아가던 날들이었다. 노래가 그치는 순간 남은 의자에 앉아야만 살 수 있는 절박함, 하나씩 사라져가는 의자에 결코 눈을 떼지 못하는 긴박함 속에서 나는 봄을 느낄 마음의 여유가 없었다.

다시 봄이다. 얼마 전부터 갑자기 모든 것이 멈춰 서버리는 듯싶더니, 시간의 움직임과 나의 움직임이 엇갈리며 균형을 잃은 느낌이다. 더 빨라진 초침과 더 느려진 나의 걸음. 내 시선이 닿는 순간은 이미 과거가 되고, 머물고 싶은 순간들만이 마음에 잔뜩 쌓여간다. 빠르게 온 봄은 순식간에 아쉬움과 부러움만 남기고 내 곁을 스쳐 가는 중이다.

아무리 생각해도 길지 않은 나의 60여 년. 격렬한 변화의 시간 속에도 사는 일에는 애착이 별로 없다고 믿었는데. 한 박자 늦은 아쉬움과 안타까움이 여기저기서 올라온다. 오래 살고 싶다는 속내가 이제 스스로 반증을 자행하고 있는 것인가. 하기야 20대의 육체에 60대의 경험을 갖고 산다면야 남은 시간의 짧음에 한탄할지도 모르겠지만. 다행인지 몸도 마음도 예전과 다르다. 시원한 물소리와 함께 면도크림에 섞인 수염들이 말끔히 씻겨 나간다. 스멀대던 탁한 욕심 하나가 나를 떠난다.

출근은 해야겠지. 차에 올라 시동을 걸고 이문세의 '애수'를 튼다. 경쾌한 스윙 리듬에 실린 슬픔이 정제된 가사들, 입술이 따라 움직인다. 볼륨을 높인다. 어느새 목청껏 괴성을 지르고 있는 내 모습에 실소가 나온다. 노래 한 곡이 이리 큰 위안이 되다니. 상처 난 마음을 다독여주는 것은 사실 대단한 무엇이 아닐 수 있다. 가끔은 한 곡의 노래, 한 편의 영화, 한 줄의 글귀가 정말로 커다란 위로가 되는 경험을 한다. 하긴 그래서 이 계절을 견딜 수 있는지도 모르겠다.

그래도 봄은 내게 지독하고 쓰린, 다시 시작인 것을.

저무는 빛

지는 태양은 끝없는 바다의 품 안에서

또 하루의 끝과 새로운 시작을 이야기한다

빛과 색이 수 놓인 하늘에

침묵의 날갯짓은 살아온 흔적을 흐리고

지친 꿈과 시든 열망이 날숨에 섞인다

날아가는 새처럼

그래도 앞으로 나아가야 하는 것을

우리도 결국,

결국은 우리만의 길을

찾아나가야 할 수밖에 없고

웅장한 세상은 작은 나를 불러 댄다

여기 너의 자리로 오라고

SUMMER

Hardboiled

Baek SunWook

이 비 그치면

이 비 그치면, 여름이 올 게다
아무 준비도 없이 새로운 날을 맞게 될 낯선 나
나와 상관없이 시간은 시간 위로 쌓여 가고,
다시 비를 만나면, 나는 또 그 자리에서 주춤거릴 것이다
웬 비는 그렇게 시도 때도 없이 오는 것인지
잠시 울음 멈춘 새는 내리는 비를 물끄러미 바라보고 있다
이 비 그치면, 어느새 다가온 여름이 무심히 스쳐 갈 것이다
나와는 또 상관없이

몽우 濛雨

사랑을 잃고 나는 쓰네/ 잘 있거라, 짧았던 밤들아/ 창밖을 떠돌던 겨울안개들아/
아무것도 모르는 촛불들아, 잘 있거라/ 공포를 기다리던 흰 종이들아/ 망설임을 대신하던 눈물들아/
잘 있거라, 더 이상 내 것이 아닌 열망들아/ 장님처럼 나 이제 더듬거리며 문을 잠그네/
가엾은 내 사랑 빈집에 갇혔네
 -기형도 〈빈집〉

   무슨 일일까. 그가 짧은 문자만 남기고 떠나갔다. 나는 그의 진심을 알 수 없다. 그저 닿을 수 없는 두 개의 직선의 아스라한 아쉬움만 남겨져 있을 뿐이다. 나였다면 다른 결정을 했을 것이라는 가정을 해보지만, 실상 그에게는 전혀 다른 내막이 있는지도 모른다. 혹시나 하며 나름의 유추를 해보지만, 그 역시도 무리다. 그렇게 40여 년의 우정이 끝났다.
   날이 갈수록 그와 보낸 세월이 선명해진다. 까까머리 중학교에서 만나 격동의 시간을 공유한 친구다. 고교진학부터 현격히 달라진 각자의 진로에서도 우리를 잡는 질긴 끈이 있지 않았을까. 성격도 취향도 너무 달랐지만, 서로에게 조건이 필요 없는 몇 안 되는 지우였다.

어떤 이유로든 가까운 사람이 떠나면 휑하게 마음자리에 빈터가 남는다. 상대가 먼저 떠나든 내가 떠나가든 결국 그 자리는 남은 이들의 몫이다. "원래 인간에게는 집이 없다. 근원적으로 친밀함을 느끼는 사람들과 만났을 때 한동안 집에 온 것 같은 느낌이 드는 것이다." 데미안의 한 구절에 공감이 간다. 실제의 공간만이 아닌 마음의 집도 비어 버리는 것이기에.

몇 년 전 우연히 옛 연인을 만났다. 서로의 얼굴을 바로 알아보지 못하는 세월의 무서움. 그녀는 사랑을 떠나보내고 텅 빈 마음으로 30년을 보냈다고 한다. 나는 어땠나. 닳아버린 기억을 아무리 들추어 보아도 잠긴 문의 녹은 떨어질 기미가 없다. 누가 잘하고 잘못했든 그 세월은 그대로 견고한 벽이 되어 있었다. 남은 커피가 식어갈 무렵, 우리는 각자의 가던 길로 돌아섰다. 어쩌면 그녀도 벽을 부수고픈 의지가 없었던 것일지도 모른다. 그런데 이상하게도 발걸음이 가볍다. 그야말로 오래된 체증이 내려가는 기분이 들었다. 내 마음은 다시 빈집이다.

우리 모두는 비슷한 이유로 각기 다른 미로 속에 갇혀 헤매는지도 모른다. 삶에 순응하며 살아가기가 절대 쉬운 일이 아니다. 만남이 내 맘 같지 않고 헤어짐도 역시 다르지 않다. 누구든 떠나야 하는 이유, 혹은 남겨진 이유가 있고 그로 가슴을 부여안고 괴로워하기도 한다. 해가 가도 익숙해지지 않는 반복 속에 가슴은 갈수록 좁아지고….

부드러운 몽우가 지난한 마음을 쓸어주는 밤, 허기처럼 그리움이 밀려온다.

한여름 앞에 섬

스스로 믿음이 없는 이들이
이해 못 하는 것 중의 하나
'무모한 꿈'이란 말은 모욕이 아니라
칭찬이라는 것
그림자가 발목을 잡아끄는 오후,
다가오는 무더위 앞에 잠시 섭니다
이제 더는
당신의 꿈을 무모하다 묻어두지 말고
좀 더 무모할 수 없을까를
고민해야 할 시간이라서

한낮의 등대

등대,
지금 불이 보이지 않아도
서러워하거나 노여워하지는 맙시다
그저 다른 인생들이 물결치는 바다에
자유로운 바람 한 줄기 지나가면
그대 작은 불빛도 어둠 속에서 길 밝히리니
등명로 프레넬 렌즈에 내려앉은 잔 먼지를 닦으며
고요의 바다와 평안의 밤을 기원하는 그대는
어쩌면,
내 안의 나인지도 모릅니다

청원青園에서는

뛰다 지친 아이의 볼이 발갛게 익은 오후
청원에서 잔치가 열린다
푸른 잎 사이로 햇살이 쏟아지고
꿈이 단단하게 영그는 그곳
열사의 갈증, 살 저미는 아픔없는 그곳에서
우리는 청춘이다
축제도 제법 익어가는 중이다
초대받은 태양은 거나하게 취하고
어린 별들이 하늘에서 춤추는 청원
오직,
푸름만 가득한 그곳에서는
우리 여태 청춘일 따름이다

> 청춘은 지나가는 계절이 아니라,
>
> 꿈꾸는 용기와
>
> 흔들리는 심장을 가진 순간이다.

그대에게 가는 길

좁은 들길을 택했다

중심을 잡고 조심히 걸어야 하는 좁은 길,

발아래 피어난 풀꽃들

헛발을 디디려는 찰나 벽이 드리워졌다

숨통을 조이며 길 한가운데 몸이 꽉 끼어 움직일 수 없었다

한 발도, 단 한 걸음도 내딛지 못하고

서 있지도, 돌아갈 수도 없었다

숨이 막혀 죽을 것 같아도 마음은 앞으로, 앞으로 달렸다

몸이 닳아 없어져도 어둠 속에 빛나는 별처럼 살아서

봇물 터지는 기쁨 속으로 거침없이 뛰어들고 싶었다

그대에게 가고 싶었다

다시 어둠이 들길에 내려앉았고 아직도 굳건한 벽 앞에서

약하디 약한 자신을 실감한다

그리고, 몰려드는 두려움에 조용히 엎드려 풀잎으로 입을 막으며

한참을 울었다

들길을 택했다

처음에 그 길은 평탄해 보였다. 멀리서 바라보기에 넉넉하고, 여유로워 보였다. 그러나 한 걸음 내딛자마자, 현실은 전혀 다른 풍경을 그려냈다. 좁은 길은 양쪽으로 가파르게 기울고, 조심조심 걸어야만 하는 길이 되었다. 발아래 자잘한 풀꽃들이 속삭이며, 가끔은 발끝에 차여 떨어져 나갔다. 걸을수록 그 길은 나를 더 깊은 곳으로 이끌었다.

한순간, 갑작스레 벽이 눈앞에 우뚝 솟아올랐다. 길의 끝인가, 끝없는 막다른 곳인가. 숨통이 조여들고, 몸이 꽉 끼어 더는 움직일 수 없는 순간이 찾아왔다.

숨이 막히고, 가슴이 답답해지는 그 순간에도 마음은 여전히 앞으로 달리고 있었다. 내 몸이 닳고 닳아 사라질지라도, 저 어둠 속에서 빛나는 별을 붙잡고 싶었다. 아무리 험한 길이라도, 그대가 있는 곳으로 기쁨과 환희의 세상으로 거침없이 뛰어들고 싶었다.

하지만 길은 나를 조여오고, 마음속 갈망은 점점 몸부림치며 가슴을 타오르게 했다. 내가 선택한 길이 과연 맞았을까. 끝없는 질문들이 속삭였고, 들길을 택하는 것이 옳았는지 헤매이며 흔들렸다.

어둠이 다시 들길에 내려앉았다. 마주한 벽은 여전히 굳건했고, 그 앞에서 작고 약한 나를 느낄 수밖에 없었다. 불안이 몰려와 심장을 조여오고, 손끝으로 벽을 만지며 차가운 감촉에 스스로의 무력함을 더욱 실감했다.

그 자리에서 한참을 앉아 눈물 젖은 손끝으로 풀잎을 뜯어 입을 막고 울었다. 어떤 말도 하지 못한 채, 그저 내 마음속의 외로움과 그리움을 가만히 껴안고 울었다.
  바람이 귓가를 스쳐 갔다. 가야 할 길이 여기뿐만은 아닐지도 몰라. 속삭이는 소리에 마음이 깨어났다. 나지막이 다가오는 빛 한 줄기, 어딘가에 서 있는 그대가 떠올랐다. 가야 할 길은 여전히 험하고 절대 평탄하지 않지만, 언젠가 다시 만나게 될 그 순간을 떠올리며 다시 한 발을 내디뎠다.

환절環切

비 내리는 8월이 그쳤다. 지루한 내 사랑도 그쳐갈 그즈음 수염을 기르기 시작했다. 색 바랜 수염은 불면의 밤에도 하얗게 빛이 났다. 빛을 따라 어디선가 들려오는 낮은 환청. 견딜 만한 가. 송곳 같은 기억들이 가슴팍을 꿰뚫는다. 그 사이로 아픔이 비집고 들어온다. 수염 터럭에 하얀 슬픔이 잔뜩 돋았다. 어둑한 불빛 아래 흐린 눈 치뜨고 수염을 듬성듬성 잘라냈다. 온 방 안을 분비紛霏하는 잘린 미련들. 거울 속에 중년의 낯선 사내가 멀뚱히 서 있다. 열띤 바람이 눈꼬리를 스친다.

인도에 가다

 어둠이 채 걷히지 않은 이른 새벽, 강가는 벌써 강물에 몸을 씻고 명상하고 기도하는 사람들로 가득하다. 갠지스 강물에 몸을 씻으면 이승에서 지은 모든 죄를 씻어버릴 수 있다고 믿기 때문이다. 강가 한편에서는 화장한 유골 가루가 강물에 뿌려지고 있다. 문화라는 이름의 架空에 길든 우리들의 정서가 가장 먼저 회복해야 하는 것은 '당혹감'이라고 했다. 이러한 당혹감과 충격은 현장을 떠나서는 만날 수 없는 것이다.
1990년대 중반, 업무차 여행으로 인도의 델리에 한 달 남짓 머문 적이 있다. 인도는 어릴 때부터 알 수 없는 흥분을 주는 미지의 나라였다. 공중에 뜬 터번 두른 마술사와 피리 소리에 머리를 세우고 춤을 추는 킹코브라. 작은 상자에 몸을 구겨 넣는 요기들과 영화 신상 의 장식이 화려한 코끼리. 콧소리 섞인 독특한 음악들과 바짝 마른 간디라는 위인이 사는 곳, 인도.
6월의 델리는 저녁에도 숨이 막힐 열기가 에어컨의 냉기를 뚫고 특이한 향기를 뿜어낸다. 마치 향신료가 섞인 분무기의 물 입자가 허공에 떠다니는 듯하다. 예약해 둔 타지마할 호텔에 짐을 풀었다. 무굴제국의 전통디자인을 한 호텔의 입구에서는 막 결혼식이 끝난 듯 쿠르타와 사리를 입은 젊은이와 하객들로 번잡하다. 그냥 나도 덩달아 기분이 좋아진다. 유럽에서의 한 달 반, 피로가 극심하게 몰려온다. 방으로 돌아와 옷도 벗지 않고 몸을 침대로 던졌다. 누워서 보니 꽤 높은 천정에는 실링 팬이 덜컥거리며 불규칙하게 돌고 있다. 겨우 일어나 팬의 스위치를 내렸다. 마음이 좀 놓인다. 일어난 김에 옷을 벗어 옷장에 넣는데, 이크. 옷장 문을 열기 무섭게 아기 손바닥만 한 무엇인가가 내 앞으로 날아오른다. 뭐지?

새인가. 저런, 거대한 크기의 바퀴벌레. 급히 벨보이를 호출했다. '오브코르스 와이 낫뜨'을 연발하며 손쉽게 처리하더니 노골적으로 팁을 달란다. 이 녀석이 벌레를 일부러 넣어 놓았나? 그의 묘한 표정을 보니 애꿎은 의심이 든다. 한편으로 고맙기도 하여 1달러를 손에 쥐여 주고 방문을 닫았다. 침대 위에서 잠시 잠들었나 보다. 이상한 인기척에 눈을 떠보니 아까 본 벨보이가 제멋대로 들어와 창문이며 벽이며 먼지떨이를 하고 있다. 냅다 나가라고 소리치니 비열한 표정으로 엄지와 집게를 비비며 또 팁을 달란다. 끓어오르는 화를 겨우 진정하고 또 1달러를 주었다. '방해하지 마시오'를 내걸고 문과 창문을 이중으로 잠갔다. 샤워도 해야 할 것 같은데 화장실에는 휴지도 걸이도 없다. 작은 수도꼭지와 스테인리스 대야 하나. 난감하다. 내일 눈 뜨자마자 숙소부터 옮겨야겠다. 온통 심사가 불편해져서 다시 옷을 껴입고 시트는 걷어버리고 잠을 청했다. 인도의 첫 밤은 길고 내내 불편했다.

출장을 마치고 한국에 돌아와 류시화의 《하늘 호수로 떠난 여행》을 읽었다. 내가 다녀온 같은 인도가 맞나? 코에 상주하는 카레 냄새에 고개 흔들던 인도에서의 기억들 위로 새로운 호기심이 오랫동안 스멀거렸다.

요즘 나를 옥죄던 현실이 느슨해졌고 쓰지 않은 항공 마일리지도 30만 마일이나 남아있다. 기억 속의 갠지스강은 밤이 되면 한 줄기 긴 빛으로 변한다. 한 줄기 강물로부터 끝없는 시간의 흐름으로 변하는 것이다. 그 강가를 따라 새벽부터 황금빛 석양의 해 질 녘까지 해그림자를 따라 걸어보고 싶다. 순례자처럼 의미 있는 일상을 별자리에 새기면서.

나이 들어 다시 읽는 책의 새로운 감흥처럼 다시 갈 여행지로 오랜만에 설레는 밤이다.

혹시나

당신과 나의 사이를 얇게 꼬인 철사 줄 하나가 경계를 짓는다. 빈약하게 튀어나온 가시쯤이야 옷옷을 훌훌 벗어 감싸 쥐면 아무것도 아닌 것. 당신도 알고 나도 아는 일이지. 알량한 당신의 의지를 위해 눈 딱 감고 나는 모르는 척 무서워하련다. 마지막 남은 젊음이 작별인사를 하는 내내 당신과 나는 그렇게 서로 안 그런 척, 지는 해나 바라보자. 징하고 징한 인연이야. 혹시나 흐르는 내 눈물에 저 철사 녹이 슬어 끊어질지도 모르잖아.

초잠식지 稍蠶食之

멈춰 서있는 모든 것은
움직이는 것들에게 잠식당한다
아무리 애써도 움직일 의지가 생기지 않으면
삶을 말아 쥐고 오는 것들에 몸을 맡긴 채
동화되는 편이 차라리 편하다
그렇지 않다면,
앞을 향해 쉼 없이 나아가 배우고 익히고 즐거워하자
자의를 지키며 살기 위해서
우리가 끊임없이 움직여야 하는 이유다

연민 혹은 자비 그리고 동정심

오후만 있던 나른한 토요일, 미술관 옆에 자리한 작은 책방으로 향했다. 미술과 문학이 서로 소통하는 작은 공간에는 유난히 잉크 냄새가 진하다. 오늘은 벽면에 장식된 현란한 색감과 기하학적인 표지들을 지나 구석에 자유롭게 쌓인 미술책 하나를 손에 들었다. 이탈리아 르네상스 시대의 조각가 화가 건축가인 부오나로티 미켈란젤로. 그의 위대한 작품들은 역시나 책 안에서도 빛나고 있었다.

피에타. 내 나이 서른에 떠났던 무모한 여행길에서 처음 피에타를 보았다. 며칠의 강행군 끝에 도착한 바티칸시국의 성베드로 성당. 수많은 사람 틈에 끼어 성당 안으로 들어섰다. 죽은 자식을 안고 있는 처연한 어머니의 모습. 다할 수 없는 슬픔의 순간은 숙연한 고요 속에 정지되어 있다. 고결한 마리아의 무릎 위에서 죽음을 맞은 예수는 더없이 평온해 보인다. 자식을 잃은 고통에도 절규나 슬픔보다는 신에 대한 믿음과 진실함에 대한 희망을 느끼게 한다. 이렇게 슬프고 암울한 순간은 미켈란젤로의 섬세한 손끝에서 빛을 안고 피에타상으로 완성되었다.

피에타상은 절대적 비극의 형상화다. 이를 보며 자신들보다 자식을 먼저 보내는 부모의 마음을 조금은 헤아릴 수 있을 것이다. 성베드로 성당에서 피에타를 만나기 12년 전, 큰누나가 27살의 나이로 의료사 했다. 누나의 장례식날, 어머니의 투명한 막에 갇힌 통곡을 기억한다. 간헐적으로 새어 나오던 새끼 잃은 어미의 끊어질 듯한 쇳소리. 세월은 그 위로 덮여 흐르고 오늘은 미술책에서 피에타를 본다.

'피에타'는 이탈리아어로 연민과 안타까움을 뜻한다. 피에타를 주제로 한 예술가는 많다. 비참하게 마른 예수의 몸과 상처로 그의 죽음을 어둡게 묘사하고, 슬퍼 절규하는 마리아를 극대화한 작품들이 대부분이다. 하지만 미켈란젤로는 23세의 어린 나이에도 불구하고 색다른 시선과 이해로 인간의 아름다움과 신에 대한 경외, 죽음과 삶, 절망과 희망을 완벽하게 표현했다.

어깨 뒤로 축 처진 머리와 힘없이 떨궈진 손, 만져질 것 같은 허벅지 근육의 결. 하얗고 매끄러운 대리석은 예수의 몸 주위의 빛을 아름답게 반사하는 데 부족함이 없다. 마리아의 얼굴에 두른 베일은 목 주위에 진한 그림자를 만들고 치맛자락의 깊은 틈은 어둠을 수반하지만, 의연한 표정과 결연한 눈빛은 눈부시게 반사되어 예수의 몸에서 떨어지지 않는다. 기회가 있다면 성베드로 성당에서 미켈란젤로의 실물을 다시 만나고 싶다. 그때와 똑같은 감흥이 있을지는 모르겠지만 말이다.

문학과 미술 작품은 나의 온 생애를 따라다니며 끝없이 나를 질책하고 용서하고 희망을 안겨주는 일을 반복하는 것은 아닌가 생각한다. 책방에서 구입한 미술 서적을 들고 언덕의 내리막길을 걷는다. 오늘따라 걷고 있는 내 그림자가 참 길기도 길다.

영혼의 보강 수프, 보심탕 保心湯

사랑과 감사의 마음을 담은 요리를 간단히 만들 수 있다면 어떨까요? 가끔은 따뜻한 수프 한 그릇이 사랑하는 사람에게 진심을 담은 선물이 될 수 있습니다. 이제부터 가슴속을 따뜻하게 감싸줄 영혼의 보강 수프 '보심탕' 레시피와 그 만드는 방법을 소개합니다. 역시 미리 준비할 것은, 깊은 의미가 담긴 좋은 재료와 만드는 사람의 따뜻한 마음가짐입니다.

재료

단호박 중간 크기 1개
우유 450ml
셀러리 3줄기
당근 1개
마늘 2쪽
무염버터 2 큰 술

슈레드 치즈 한 줌
아몬드 슬라이스 반 줌
소금과 후추 약간

만드는 방법

1. 준비: 단호박 한 개를 4등분하여 껍질을 제거한 후 큰 깍두기 크기로 썰어줍니다. 실리콘 용기에 담아 전자레인지에서 약 5분 돌립니다. 젓가락이 들어갈 정도로 익으면 됩니다. 프라이팬에는 깍둑썰기로 자른 당근과 셀러리, 빻은 마늘과 올리브유를 넣고 볶아둡니다.

2. 수프 만들기: 익힌 단호박과 팬에 준비한 재료들을 냄비에 넣습니다. 여기에 우유 450ml를 부어준 다음 중불로 가열해 줍니다. 끓기 시작하면 무염버터와 슈레드 치즈를 넣고 녹을 때까지 서서히 저어줍니다. 수프가 톡톡 튀어 오르면 불을 줄입니다. 다시 한번 크게 끓어오르면 불을 끄고 식힙니다.

3. 마무리: 완성된 수프를 그릇에 담고 소금과 후추로 간을 맞춥니다. 아몬드 슬라이스를 보기 좋게 올려줍니다. 걸쭉하고 맛있는 수프가 완성되었습니다. 이제 삶에 지친, 당신의 사랑하는 이에게 대접해 주세요.

 너무 평범한 단호박 수프가 아니냐고요? 그래서 중요한 것은 당신의 마음가짐이라는 겁니다. 재료들이 가지고 있는 보이지 않는 성분을 활성화할 사람은 유일하게도 당신뿐이니까요. 우선 재료의 특성부터 다시 인지해야 하겠습니다. 주재료인 단호박은 '보심탕'의 기본이 되는 달콤한 맛과 감칠맛을 선사합니다. 우유는 신선하고 유연한 관계를 이끌어 줄 것입니다. 세 줄기 셀러리는 싱그러운 향과 사각사각한 식감으로 신선한 사랑의 균형과 항속성을 의미합니다. 당근에 숨겨진 영양분은 관계의 건강한 징표며 변화에 유연하게 대처하는 사랑의 능력을 시사합니다. 마늘은 작고 맵지만 끈끈하게 뭉친 힘을 발휘하는 힘이 있습니다. 또한 매운 향은 희망과 용기를 북돋아 주는 효과가 있지요. 무염버터나 슈레드 치즈도 그냥 넣지 않았습니다. 사람 간의 관계에서 농도 깊은 이해와 점진적 관계 개선을 위한 팁이지요.

아몬드 슬라이스는 비록 장식이지만 고소한 위로의 메시지입니다. 소금과 후추는 삶의 기복과 난관 속에서도 변치 않는 약속 같은 것이고요. 재료들의 좋은 성분과 효과를 활성화하는 방법은 간단합니다. 수프를 드실 분에 대한 충만하고 각별한 당신의 마음을 싱크대 위 잘 보이는 투명 그릇에 담아 두기만 하면 됩니다. 조리를 시작하는 순간 자동으로 활성 스위치가 켜질 것이니까요. 다만, 마음과 정성이 늘어지지 않도록만 조심하여 주세요.

 지금까지 평범한 단호박 수프가 보심탕이 되는 과정을 함께 하셨습니다. 보심탕은 사랑과 감사, 그리고 소중한 사람들과의 관계를 표현하는 진정한 마음입니다. 각 재료와 단계에 깊은 의미를 담아서 요리하면, 사랑하는 사람들에게 당신의 진정성이 고스란히 전달될 수 있을 것입니다. 그럼, 건강하고 사랑이 넘치는 레시피로 다시 만나 뵙겠습니다.

백선욱의 상상노트

오두리 시계 수리점

전자 상가 골목 한구석에 자리한 오래된 시계 수리점. D동 117호 낡은 나무 간판에는 '오두리 시계 수리점'이라는 글자가 희미하게 새겨져 있고, 유리창 너머로는 빛바랜 벽시계들이 제각기 다른 시간을 가리키고 있다. 일부러 찾아오기에도 어려운 후미진 곳의 시계방이다. 주인 오두리 할아버지는 나이가 들면서 눈이 침침해졌지만, 여전히 세심한 손길로 시계들을 고쳐나갔다. 그의 손끝에서 생명을 되찾은 시계들은 다시 정확한 시간을 알리며 제자리에 돌아갔다. 그는 늘 똑같은 일상을 살았다. 아침에 가게 문을 열고, 손님들이 가져온 시계들을 하나씩 고친다. 해가 지면 문을 닫는 일상이 계속되었다. 그러나 어느 순간부터 손님이 점점 뜸해지더니, 요즘엔 거의 찾아오는 사람이 없다. LED 시계와 스마트워치가 대세가 되면서, 시계를 고치는 일은 일상에서 사라져가고 있었다.

그러던 어느 날, 한 젊은 여인이 시계 수리점을 찾아왔다. 세련된 복장을 한 그녀는 고급스러운 가죽 가방에서 매우 특이하고 아름다운 탁상시계를 꺼냈다. 오두리 할아버지가 평생 처음 보는 모양을 한 시계는 형언하기 힘들 정도로 아름다웠다. 시계의 숫자판은 푸른색의 얇은 판 위에 해와 달이 조각된 중앙에 사파이어가 박혀 있었고, 그 주위로 24개의 루비가 장식되어 있었다. 유리와 금속이 자연스럽게 혼합된 듯한 투명한 내부가 반짝였고, 여러 개의 시곗바늘이 제멋대로 움직이고 있었다. 여인은 조용한 목소리로 말했다.

"이 시계가 왜 이러는지 알 수 있을까요? 아무리 봐도 시간이 흐르지 않는 것 같아요."

오두리 할아버지는 시계를 손에 들고 자세히 살펴보았다. 시계에서는 무언가 이상한 기운이 느껴졌다. 시계가 그의 손에 닿는 순간, 마치 작은 전류가 흐르는 듯한 느낌이 들었다. 시계는 너무 복잡하고 기이한 구조로 되어 있어 사실은 고칠 자신은 없었지만, 시계가 주는 강렬한 느낌이 그를 강하게 끌어당겼다. 그는 일단 시간을 충분히 주면 시계를 맡아보겠다고 했다.

그녀가 떠난 후, 오두리 할아버지는 밤새도록 시계를 연구했다. 시간이 갈수록 그는 이 시계에 점점 더 몰두하게 되었고, 바늘들이 가리키는 숫자가 평범하지 않음을 깨달았다. 그것은 마치 암호처럼 보였다. 더구나 시계를 볼 때마다 현실의 틈새로 무언가 흘러들어오는 것을 느꼈다. 처음에는 단순한 착각이라 생각했지만, 점차 선명해지는 환영들이 그를 불안하게 만들었다.

밤과 낮이 뒤섞인 며칠이 지났다. 어느 새벽, 오두리 할아버지는 마침내 시계의 비밀을 풀어냈다. 정확히 말하자면, 시계가 스스로 자신의 봉인을 푼 것이다. 일순간 여러 개의 시곗바늘이 하나로 겹치더니, 방 한가운데 빛으로 된 문이 생겨났다. 그것은 단순한 시계가 아닌, 다른 세계로 통하는 문을 열어주는 장치였다. 오두리 할아버지는 한참을 망설이다 빛이 사라져가는 문 안으로 들어섰다.

　수많은 빛의 멍울이 얼굴을 스치고 지나갔다. 지나는 강한 빛에 얼굴을 가렸다가 잠시 멈춰 눈을 뜨자, 그는 같지만 전혀 다른 공간에 서 있었다. 평생 그와 함께한 낡은 시계 수리점은 시간과 공간의 경계가 무너진 신비로운 장소로 변해 있었다. 하늘은 변화무쌍한 빛의 캔버스로 황홀에 가까운 색과 빛을 그려냈다. 공기 중에는 설명할 수 없는 천상의 향기가 떠돌았다. 이곳에서 시간은 흐르는 것이 아니라, 그의 호흡과 작은 움직임에 시간이 따라 움직이고 조정되는 느낌이었다.
　그 생생한 느낌에 빠져있을 때, 여인이 다시 나타났다.
　"느끼셨겠지만, 이곳은 현실의 제약을 벗어난 세계예요. 당신은 평생 시간을 수리하는 데 헌신하셨죠. 이제는 당신이 시간을 다스릴 기회를 얻게 된 거예요. 선택의 기회를 단 한 번 드리겠습니다. 이곳에 남으실 건가요?"
　오두리 할아버지는 깊은 생각에 잠겼다. 현실이라 생각되는 이전 세상에 단 하나의 혈육이나 지인이 남아 있지 않다는 사실에 처음으로 자신이 외롭다는 생각이 스쳐 갔다. 오히려 이곳에서 얼마 남지 않은 수명을 다하는 것도 좋겠다는 마음이 들었다. 어쩌면 이곳에서는 더 나이가 들지 않게 하거나 심지어 젊었던 시간으로 돌아갈 수도 있겠다는 기대도 생겼다. 그래, 시간에 구애받지 않는 자유로운 이 세계에 남자. 그동안 시간에 묶여 살았지만, 이제는 시간을 창조할 수 있으니. 그는 결심했다.

"남겠소."

여인은 미소 지었다. 그러나 그녀의 눈 깊숙한 곳에서 기쁨에 찬 은밀한 그림자가 스쳐 지나가는 것을 오두리 할아버지는 알아채지 못했다.

"여기서 시간을 다스리는 건 생각보다 복잡해요. 이곳에도 규칙이 있거든요. 무슨 일을 하셔도 좋지만 반복되는 시간은 존재하지 않습니다. 당신의 선택에 대한 유일한 책임이랄까요. 모르고 선택한 일일지라도 그 책임과 대가는 감수하셔야 할 겁니다. 자, 이 시계는 이제 당신 것이에요. 당신이 시계를 물려줄 적임자가 생기기 전까지는요."

그녀는 사라졌고, 오두리 할아버지가 처음으로 시계에 자신이 선택한 시간을 지정했다. 그 순간, 시계의 바늘이 미세하게 흔들렸다. 잠시 주위는 캄캄한 암흑이 되고 고요 속에서 무언가 거대한 존재가 깨어나는 듯한 오싹한 느낌이 오두리 할아버지의 가슴을 스쳐 갔다.

편견과 차별의 바다를 건너서

'아무도 저를 절대로 물 밖으로 꺼내지 않게 해요'
- 도버 해협에 도전하는 '거트루드 에더리' 인터뷰 중.

 1926년 8월 6일, 미국의 수영 선수 거트루드 에더리Gertrude Ederle는 여성 최초로 도버 해협을 헤엄쳐 건너는 데 성공했다. 그녀의 성공은 당시 여성의 스포츠 참여가 제한적이었던 시대에 큰 변화를 가져왔으며, 여성들이 스포츠에서 성취를 이룰 수 있음을 증명했다. 디즈니에서 2024년 공개한 영화 <여인과 바다Young Woman and the Sea>는 이 실화를 바탕으로 재구성한 영화다.
 에더리의 도전은 그 당시 사회적 편견과 맞서 싸운 상징적인 사건이었다. 1914년 뉴욕 선착장에 도착한 배에 불이 나서 수백 명이 사망하는 사고가 발생했다. 대부분은 교회를 다녀오던 여성들이었고, 불과 10m 거리의 바다를 수영하지 못해 탈출하지 못했다. 당시 여성들이 수영을 배우는 것은 상스럽다고 여겨졌기 때문이다. 창밖으로 바다의 화재를 바라보던 어린 트루디 에더리(데이지 리들리   )는 이 사건을 지켜본다. 이후 홍역에 걸려 고비를 넘긴 그녀는 기적적으로 살아나, 언니 메그와 함께 수영을 배우게 된다. 보수적인 아버지의 반대에도 불구하고 어머니의 의지가 이를 가능케 했다.

에더리는 미국기를 단 최초의 여성 수영 대표 선수로 파리 올림픽에 참가하여 동메달을 획득했지만, 여전히 세상의 편견과 공격을 피할 수 없었다. 귀국을 앞둔 에더리는 한 남자 선수가 도버 해협을 건너 영웅이 되었다는 뉴스를 접하고, 목숨을 걸고 자신도 도전하기로 결심한다. 당시 남자 선수들도 죽음을 무릅쓸 만큼 어려운 도전이었지만, 에더리는 세상의 편견을 넘고자 그 바다에 몸을 던진 것이다. 33.8km의 차가운 도버 해협, 거센 파도와 차가운 물은 마치 그녀와 모든 여성이 마주한 사회적 장벽을 상징한다. 영화는 1920년대 미국 사회의 배경을 충실히 묘사하면서, 에더리의 도전이 단순한 스포츠 이상의 의미를 지니고 있음을 보여준다. 그녀의 성공은 여성이 남성과 동등하게 어려운 목표를 성취할 수 있다는 것을 증명하며, 여성의 사회적 역할 확장과 가능성을 상징하는 사건으로 자리 잡았다.

그 시기 여성들은 사회적으로 많은 제약을 받고 있었다. 여성들이 주로 드레스를 입어야 했으며 수영을 배우거나 스포츠에 참여하는 것은 금기였다. 1950년대에 들어서서야 여성들은 이런 의복의 제한에서 벗어나기 시작했으며, 메릴린 먼로 같은 유명 인사들이 바지를 입기 시작하면서 여성들의 복장은 점점 실용적으로 변했다. 여성의 권리가 투표권과 의복의 자유를 얻기 위한 노력과 함께 확장되었으며, 이 변화는 20세기 중반을 거치며 사회 전반에 영향을 미쳤다.

여성의 참정권은 여성 권리의 가시적인 이정표였다. 영국은 1918년 일부 여성에게 투표권을 부여했다가 1928년에는 모든 여성에게 동등한 권리를 줬다. 미국은 1920년 헌법 수정으로 여성들에게 투표권을 부여했고, 한국은 1948년 대한민국 정부 수립 후 첫 총선거에서 여성들에게도 투표권이 주어졌다. 이러한 참정권의 확대는 여성의 평등권을 상징하는 중요한 진전이었다.

 그러나 21세기에 들어서도 여전히 여성들의 권리는 세계 여러 곳에서 제약받고 있다. 회교권 일부 지역에서는 여성들이 여전히 전통과 법적 제약으로 권리를 누리지 못하고 있으며, 심지어 명예살인과 같은 폭력에 노출되어 있다. 나의 평범한 하루가 지나는 동안에도 세상의 어느 구석에서는 고통 속에 신음하는 여성들이 있다는 사실은 마음을 무겁게 한다.

 우리나라에서도 여전히 도를 넘은 데이트 폭력이나 가정폭력 사건이 이어지고, 직장 내 성차별, 특히 유리 천장과 임금 격차 문제는 여전히 해결되지 않고 있다. 하지만 성평등을 향한 우리의 노력은 지속되어야 한다. 이는 단순히 여성의 권리만이 아닌 모든 인간이 존중받는 사회를 만들기 위한 중요한 요소다.

 나의 곁에 있는 여성들, 어머니, 딸들, 손녀들이 나와 같은 권리와 존엄을 가지고 살아가는지 둘러보자. 그들에게 힘이 될 수 있는 것이 있으면 기꺼이 도와야 한다. 싸워야 할 것이 있으면 함께 싸우자. 피켓을 들어야 할 때는 주저하지 말고 들자. 우리는 성을 떠나 '인간'이라는 위대한 객체이므로.

백선욱의 상상노트

투명에 가까웠던

강물 위로 흐르는 햇살을 물끄러미 바라본다
짙은 땅빛에 물든 오늘
그저 처음만을 기억할 뿐
그저 처음만을 말할 뿐
흐르다 보니
흐르고 보니
들어오는 바람에
진득한 유혹에 휩쓸려 버티지 못했을 뿐
이것이 거짓은 아니라고
모든 걸 잊은 것은 아니라고
우리는 탁한 시야 너머
맑았던 어제를
마치 오늘인 듯 말하고 있다

動中靜

잡으려는 자와 피하려는 자. 필사와 필생이 공존하는 경계에서는 누구에게도 다른 선택은 없다. 물 위에 머무는 삶, 죽음의 경계를 본다. 먹이 사냥을 위해 수면을 차고 뛰어오른 잉어와 가까스로 몸을 돌려 피하는 작은 벌레. 오직 살아야만 하느니…. 그 순간은 강렬하고 절박하다. 살아있는 것들의 움직임이 멈춰 선 잠시의 고요. 순간의 템포를 놓치고 뒤늦게 떨어지는 물소리가 현실을 깨운다.

動中靜의 미학. 아무 의미 없는 것 같은 삶의 편린들이 유의미로 기억되는 메커니즘 속에서 평범한 하루가 또 지나고 있다. 너 잘 있지? 오랫동안 연락이 끊긴 친구에게서 안부 문자가 왔다. 아직 살아 움직이는 오늘, 지나온 찰나들의 잔상은 나의 숨을 가쁘게 하는데.

AUTUMN

Golden Twilight

젊음은 알지 못한 것을 탄식하고
늙음은 하지 못한 것을 탄식한다.

후회

르네상스기의 대표적인 프랑스의 인문주의자, 앙리 에스티엔 Henri Estienne의 말이 아니더라도 인생의 절반을 보낸 사람들은 알 것이다. 속절없이 지나가는 시간은 붙잡을 수 없고 다가오는 황혼의 그림자도 피할 수 없다는 사실을.

매일 늘어나는 흰색 수염, 면도의 의지마저 상실한다. 또 하루가 쌓인다. 탄식할 여유조차 없을 만큼 포기의 장력은 커져만 간다. 시간의 톱니바퀴와 타협하면서.

가을의 흔적

한때는 바로 옆에 있었을 흔적이
찬 바람에 흔들리고 있다
잊혀진 약속이라도 남은 것일까
낙엽은 속삭이며 흩어지고
고요한 숲의 깊은 곳
덩그러니 밀려난 바람의 이야기
숲은 헤지는 기억을 품에 안고
짙어가는 가을에 물들다
서늘한 바람이 지나간 자리엔
눈부신 황혼의 그림자가 드리우고
잃어버린 시간의 조각들은
그림자로 남아 우리의 마음을 두드리다
여전히 고요히,
모든 걸 품고서
가을은 그렇게
우리 곁에 머무르다 갈 것이다

독毒

냉혈동물들만이 독을 지니고 있다.

쇼펜하우어의 말이다. 독이 있는 동물들의 공통점, 차가운 피. 하늘을 나는 짐승부터 땅을 기는 곤충, 물에 사는 것들. 한참을 생각해봐도 예외는 떠오르지 않는다. 냉혈동물의 차가운 몸에서 만들어진 독은 피독생물의 뜨거운 혈관을 타고 흘러 들어가 죽음까지도 이르게 한다.

우리는 잔인하거나 감정이 없는 사람을 냉혈인간이라 부른다. 그들이 독을 만들면 가히, **萬毒** 중 최고의 독성을 갖는다. 더구나 사람의 독은 자신의 생존을 위협 당할 때가 아니더라도 수시로 밖으로 내뿜어진다. 독니를 드러내는 것을 자기 자신도 모르는 때도 많다. 그래서 더욱 치명적이다. 살아있는 몸의 차가운 핏속에서 정제된 독이 아니고 인성이 썩어 만들어지기에 깔끔하지도 않다. 독에 감염되는 순간, 동물의 것처럼 아득한 마비가 오는 것이 아니라 극도의 불쾌함이 동반된 고통이 시작된다. 좋은 인성을 가진 사람도 중독되면 곧바로 모멸과 분노의 폭풍 속으로 내몰리게 된다. 하지만 만성 중독인 상태에서는 그런 자각조차도 느낄 수 없다. 이것만은 진행이 아주 느린 일상적인 동물의 독과 비슷하다. 오랜 기간에 걸쳐 서서히 판단력을 잃고 중독된 것도 모른 채 살아가게 된다. 자존과 자아마저 상실한 상태로. 안타깝게도 옆집의 매일 맞고 사는 아내나 뒷집의 폭력 가장 밑 자녀들이 그런 상태다. 저항의 의지만으로는 다 해결될 수도 없다.

하지만 이같이 악랄한 인간의 독에도 해독제는 존재한다. 병원이나 약국에서는 절대적으로 찾기 힘들다. 게다가 쉽게 자신의 해독제를 구할 수도 없다. 해독제의 기본 원료 구성은 지치지 않는 관심과 사랑이다. 어렵고 피상적인 두 가지 재료가 충분해야 한다. 천지사방에 깔린 것이 사람들이고 살아있는 해독제지만 자신의 몸에 맞아야 독이 해소된다. 어느 세월에 몸에 맞는 해독제를 찾을까. 그러니 더 구하기 어렵다. 그렇지만 중독된 자신을 발견하면 바로 해독할 수단을 취해야 한다. 회피와 묵인의 순간들이 만든 깊어진 독의 늪에서 기어서라도 나와야 한다. 남아있는 생의 시간은 생각보다 훨씬 길기에.

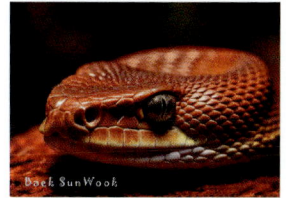

시절예찬 時節禮讚

금빛 호수에 부서져 흩어지는 빛의 파편들
속삭이며 소용돌이치는 낙엽들의 마지막 춤
고요히 흐르는 시간의 숨겨진 선율을 찬미하라

백조의 우아한 곡선에 얹힌 평온
가을의 깊은 숨결로 엮인 침묵의 사랑
그들의 유영이 새기는 유연한 곡선을 찬미하라

이 가을,
모든 순간이 이렇듯
자연의 숨결에서 빚어진 우리
아직 숨 쉬고 있는 존재의 기쁨을 찬미하라

그리고
그 속에서 피어나는 내밀한 꿈,
가슴 깊이 간직한 미약한 빛의 온기
내일을 밝혀줄 불멸의 용기와 희망을 찬미하라

사랑의 멜로디

생일을 축하해/오늘은 특별한 날
우리 막내가 태어난 날/너의 미소와 따뜻함
늘 우리를 행복하게 해

  얼마 전 막냇동생의 생일에 축가를 만들어 sns 가족대화방에 올렸다. 기억에 남는 선물이라며 좋아하는 막내보다 다른 누이들 반응이 더 좋다. 다행이다.
우리는 7남매다. 정확하게 3살 터울이라 토끼띠, 말띠, 닭띠가 둘씩이고 가운데 나만 혼자 쥐띠다. 서로 닮은 듯 안 닮은 듯 외모도 성격도 많이 다르다. 항상 시끌벅적하지만, 어머니의 보조 교관 격인 큰누나의 권위 앞에 질서가 유지된 어린 시절을 보냈다.
1969년 성탄절의 기억이 선명하다, 우리 남매들은 거의 강제로 대한극장에서 상영하는 〈사운드 오브 뮤직〉을 보러갔다. 먼저 영화를 보고 온 큰 누나가 감동하여 부모님을 설득한 것이다. 당시 보통 개봉하는 외화 한 편의 입장료가 200원인데 사운드 오브 뮤직 은 최초로 600원이라는 거금의 입장료를 받았다. 자장면 한 그릇이 50원이었고 버스 요금은 10원, 라면 한 봉지의 가격은 10원이던 시절이다. 초등학교 2학년이던 나는 왕우가 나오는 〈의리의 사나이 외팔이〉, 〈심야의 결투〉 등 홍콩 무협영화에 빠져 있었다. 극장 앞에 긴 줄을 서서 매표를 기다렸다. 나는 입이 댓 자로 나온 채 차라리 홍콩영화 3편을 보면 안 되겠냐고 불평했다가 야단만 잔뜩 맞았다.

마리아 수녀님과 7남매의 이야기. 드디어 극장 안의 모든 불이 꺼졌다. 70mm 대형 화면에 펼쳐지는 알프스산맥의 전경과 줄리 앤드류스가 부르는 주제가 첫 소절, '더 힐 온 마이 하트~'. 갑자기 숨이 멎는 기분이었다. 어린 나는 감동의 물결에 빠졌다. 영화를 보고 며칠간 나의 머릿속에서는 영화가 반복해서 상영되고 또 상영되었다. 우리도 7남매. 그 해 막내가 태어나면서 행운의 숫자 7이 완성된 것이다. 도레미파솔라시도. 우리 남매들은 각자의 자리에서 자신만의 요들송을 부르며 성장했다. 세월이 흘러 제일 큰 음계 하나를 잃었지만 6개의 음으로도 충분히 연주는 가능했다. 하지만 대학에 가고, 직장을 다니고, 결혼하고, 아이들을 키우면서 각자의 삶이 바빠졌다. 연락이 뜸해졌다. 얼굴을 볼 기회도 줄어 들었다. 각자의 가족을 꾸리고, 각자 다른 도시에서 살고 있기 때문이다. 그럼에도 다행인 것은 우리의 유대는 별로 달라지지 않았다는 사실이다. 여전히 서로에게 관심을 갖고 그리워하며 산다. 물론 그 중심에는 어머니가 계신다.

 우리 남매들의 행복한 요들송은 멈추지 않았다. 지금도 그 시절의 추억을 잊지 않으려 노래한다. 셋째 동생이 이사를 하던 날, 우리 남매들은 어린 시절에 본 영화 〈사운드 오브 뮤직〉을 떠올렸다. 그때 그 시간이 얼마나 평화롭고 행복했는지를 기억하며. 우리는 여전히 무지개 계단의 7음계처럼 서로의 소리를 듣고, 서로의 삶을 존중하며 살아가고 있다. 그것은 단순한 노래가 아니라, 우리 가족의 사랑과 유대를 담은 사랑의 멜로디다.

 시간이 흘러도 변하지 않는 우리 남매들의 멜로디. 조금 떠들썩하고 사소한 것도 공유하며 마음을 나누는 우리 가족이 특별히 유난스러워 보일지 모른다. 하지만 이 멜로디는 시간이 흘러도 변하지 않고, 앞으로도 우리를 하나로 이어줄 것이다. 서로의 존재를 느끼고, 서로의 삶을 축복하며.

곤충 장의사

오늘도 방충망을 뚫고 들어온 나방들이 죽었다. 주섬주섬 나방의 사체를 비닐에 넣고 바깥으로 향한다. 엘리베이터 없는 5층 빌라에서 아래로 오가는 일은 여간 번거로운 일이 아니다. 그래도 몇 걸음만 걸으면 수암산 입구다. 부드러운 흙이 있는 그곳은 곤충들의 공동묘지다. 여름 한 철, 미물로서의 짧은 생. 그것들에게는 평생의 세월이다. 다음 생을 기도하며 조심스레 땅에 묻고 흙을 덮는다. 아무리 생각해도 이상하다. 내가 그들의 마지막을 잘 보내준다고 소문이 난 건지, 계절의 끝에서 연일 곤충들이 나의 창을 두드린다.

조금씩 가을이 다가오고 있다.

사막지대

사막에서 그는
너무도 외로워
때로는 뒷걸음으로 걸었다
자기 앞에 찍힌
발자국을 보려고

외로움이라는 거대한 구멍에
수시로 달려드는 절박과 공허, 메워지지 않는 갈급
감전된 혀끝의 저리고 싸한 느낌이 좁은 가슴을 관통한다
가끔, 주변 사람들에게 외로움을 토로할 때가 있다
그들은 한결같이 관조의 얼굴을 지으며 세상 이치를 말해준다
인생은 누구나 외로운 거라고
너만 그런 것이 아니라고
절대 위로가 되지 않는 이야기

꿈처럼 영화처럼
Dreamlike, Cinematic

아침 햇살이 창가에 스미면
어제의 꿈들은 안개처럼 사라져
거울 속의 나, 낯선 얼굴 나를 봐
나는 누구인지, 무얼 찾고 있는지

꿈처럼 영화처럼 지나가는 순간들
헛손질만 하며 길을 잃고 헤매지만
언젠가는 알게 될 거야
이 모든 것의 이유를

도시의 불빛 속 무수한 사람들
서로의 이야기가 얽히고설켜
내일은 또 다른 장면이 펼쳐질 것이고
나는 그저 서글픈 배우, 이 삶이 다할 때까지

잠시 멈춰 서서 생각해봐
이 모든 것은 우연일까
아니면 운명일까

I love jazz

One night,

In a quiet corner of a deep café,

An old piano

Whispers its tender melodies.

A delicate trumpet,

Like a breeze brushing past,

Sweeps me away,

And I'm already lost in jazz

A rhythm that found me by chance,

The traces of scat

Knocking gently on my heart

Within it lies

Old memories

And the scent of newfound excitement

I love jazz,

A thrill that embraces

Even loneliness,

That sophisticated warmth

Letting myself drift

On the waves of swing,

Counting starlight

From the vibraphone's tender glow

Forgetting time,

Dancing in the music,

I fall in love with jazz

I love jazz

가을 부채 秋扇

당신의 손이 나를 떠난 그 순간
마음의 온기도 사라졌어요
그렇게 멀어질 줄은 몰랐죠
마음은 여름의 끝에 서 있어요
여름 내내 바람을 품었던
나의 마음은 찬 공기 속에서 멈춰 버렸죠
돌아선 당신의 굽은 등을 바라보면서
나의 흔들림도 멈추셨죠
괜찮아요, 이 겨울 지나면
봄도 서둘러 지날거에요.
그러면 금방,
다시 여름이 올 테니까요
겨울의 긴 밤,
아득한 긴 밤도
이젠 견딜 수 있을 것 같아요
다시 올 여름만 기다리는
나는
가을 부채랍니다

그 숲에 가면,

잃어버린 시간의
조각들이
기억 속에서
잠들어 있고

그 숲에 가면
낙엽이 발끝을 덮는 연못가에
우뚝 서있는 아름드리 그림자
희미한 물빛 위로 어른거리는데

그 숲에 가서는,
 절대
소리 내지 마세요

숲속 깊은 곳,
나뭇가지마다
얽히며
스며있는 그리움이
발소리에 깜짝 놀라
떨며 깰지 모르니까

고단한 삶의 길에서 잠시 쉬어갈 곳이 있다는 것은 행운이다

게다가 방해하는 그 무엇도 없다면 그것은 행복이다

하지만 쉼의 시간이 길어지면 안 된다

긴 휴식은 죽음에 수렴한다

쉬었다면 일어나야지

다소 힘에 부친다 해도,

우리는 미련 없이 쉼터를 벗어나야 한다

살아있음을 증명하기 위해서라도

그대는

아침이 오면 눈을 뜨고
하루의 시작을 맞이할 때
그대는 무엇을 바라보는가
손에 잡히지 않는 꿈들 속에서

바람에 흔들리는 잎사귀처럼
어제의 후회와 오늘의 바람은
그대를 어디로 이끄는가
발길이 닿는 곳에 답이 있을까

무엇을 찾고, 무엇을 믿을 것인가
시간은 멈추지 않고 흘러가지만
그대의 길은 어디로 향하는가

수많은 얼굴이 스쳐 지나도
마음에 남는 이는 몇이나 될까
그대는 누구를 기억할 것인가
기억할 누군가 있는가

꿈이란 이름의 무거운 짐을
그대는 내려놓을 수 있을까
멈출 용기가 없는 발걸음은
무엇을 위해 달리고 있는가

무엇을 찾고, 무엇을 믿을 것인가
시간은 멈추지 않고 흘러가지만
그대들의 길은 어디로 향하는가

어느새 저문 하늘 아래
그대의 마음은 무엇을 안고 있는가

빛나는 별을 쫓아가고 있는가
스스로 빛나는 법을 찾는가

무엇을 찾고, 무엇을 믿을 것인가
끝없는 질문에 답을 찾아가며
그대의 길은 스스로 그리리라

그대들은 어떻게 살 것인가

_{귀결}
歸結 _{사랑점}

비가 그쳐간다

떨어지는 빗방울에 사랑점을 쳐본다
사랑한다 사랑하지 않는다
사랑한다 사랑하지 않는다
아직 비는 그치지 않았고
점치는 나도 지치지 않았다
하지만 분명한 사실 하나는
저 마지막 방울도 곧 떨어지고
방황하는 내 사랑과 상관없이
난 겨울 속에 서 있을게다

초지에 살다

 안산에 사네, 안 사네 해도 나는 안산의 사내지. 그러게, 안산에 산 지도 10여 년이 훌쩍 넘었네. 처음 몇 년은 서울에 있는 회사에 다니느라 안산 시내에는 나갈 일도 없었어. 그러다 서울 직장을 완전히 정리하고 안산에 사무실도 만들고 진정한 안산 사람이 되고 있었지. 용인의 아파트에 당첨되지 않았더라면. 이사해서 용인에서도 5년을 살았지. 아이러니한 일은 그 5년의 낮 동안은 내내 안산에서 보내게 된 거야. 반용반안이랄까. 우연히 안산에 관한 책을 만드는 일에 엮이며 초지동에 오피스텔을 얻었어. 결국 용인에서는 잠만 자다가 1년 전 다시 안산으로 완전히 이사해 왔어. 운명이지. 아니면 초지동 토지신께서 미천한 나를 거두어 주신 걸지도.

 초지동. 시청 자료에서 보니 초지동은 조선시대에는 안산군 와리면 초지리였다가 1914년 3월 1일 부령 제111호에 따라 시흥군 군자면 초지리로 되었고, 이어 1986년 1월 1일 법률 제3798호에 따라 안산시 단원구 초지동安山市 草芝洞으로 되었다고 하네. 초지는 작은별망 북쪽에 있는 바닷가 마을 원초지元草芝에서 유래한 이름이야. 조선시대에 외적의 침입을 막기 위하여 진 을 설치하고 이를 사곶영沙串營또는 초지량영草芝梁營이라 불렀데. 다시 말하면, 바다를 지키는 요새, 즉 군대가 주둔한 진영이 있었다는 거야. 효종7년1656년에 이를 강화도로 옮겨 이곳을

1초지, 강화도는 2초지라 하였다고 해. 이곳은 일찍이 어업이 번성했던 곳이나 신촌, 옛집터, 작은백중, 큰백중, 작은주정등 일부지역을 제외하고는 대부분의 마을이 폐동되어 공장이 들어섰어. 세월이 흘렀지. 예전의 바닷가 요새는 이제 우리나라의 산업과 경제를 앞서 지키는 전략적 요새가 되었어. 초지동은 그런 동네야.
 나의 남은 날을 보내고 있는 초지동. 쾌적하고 살기 좋은 곳이야. 우리 안산이 그렇잖아. 안산에만 살면 잘 모르는 시원하게 뚫린 사통팔달의 도로와 늘 푸른 녹지들, 만사 힘든 세상 속에서도 눈은 편안한 곳. 초지동도 역시 그렇지. 바로 앞에 있는 원포공원은 잘 정비된 휴식의 숲이야. 살면서 짜증이 쌓여 어찌할 바를 모르거나 슬픔이 몰아닥쳐 몸이 휘청거리면 이곳으로 와. 마음을 어쩌지는 못하지만, 힘들 때 위로가 많이 될 것은 확신해.
 내 방 창밖으로 멀리 보이는 시화호와 갈대 습지는 그림이야 열린 창으로 살짝 소금기 섞인 여름 냄새가 들어오네. 그래, 잘살아 보자. 사실, 삶은 절대로 나를 속인 적이 없어. 내가 삶을 기만하곤 했던 것이지. 늦은 후회나 반성도 나쁘지 않아. 가끔은 결과에 상관없이 과정에 충실할 때 충만한 기쁨이 있잖아. 내가 오늘 사는 **草芝洞**이 가까운 날들을 위한 나의 **礎地**가 되도록 **初志**를 잃지 말자. 초지, 너를 응원해.

섬으로 가는 길

하늘과 맞닿은 바다의 끝

해풍에 빠르게 타들어 가는

한 개비 남은 담배 연기가 유난히 메케하다

이참에 담배나 끊어 볼까

가지 못하는 길에서 하지 못할 다짐이라니

결과를 예견하면서도 반복의 연속이다

사람의 섬에 다가가는 일은 늘 피로와 실망을 수반한다

길은 다시 열리겠지만,

나의 편협함을 도려내지 않는 한 오랜 고독에서 나올 희망은 없다

WINTER

Frozen Silence

Baek SunWook

49재 四十九齋

사십년 지기의 부음을 들었다
애써 침착하려 스스로에게 위안했다
언젠가 일어날 일이라고
49일이 지났다
그와 공유했던 시간 위로 먼지만 가득하다
추억만큼은 영원할 줄 알았다

그래도 살아야 하는 것이라면

저물어 가는 하늘을 바라보며
아무것도 아닌 듯 나를 놓아두고
텅 빈 거리, 고요한 밤 속에
스쳐 가는 바람처럼 지나가는 나

그래도 살아야 하는 것이라면
아마 아직 늦지 않았을 거야
세상이 준 모든 아픔을 안고
그 속에서 조금씩 나를 찾을 거야

여전히 나는 멈추지 않고 걸어
끝없는 질문들 속에 답을 찾으려
그저 내일을 믿으며 걸어가야 해

그래도 살아야 하는 것이라면
아마 아직 늦지 않았을 거야
아직, 아직은
늦지 않았다고 말해주겠니

상실喪失

무거운 오후로 잠긴 시간
우레처럼 울리던 그 날의 소리
귀를 울리고 나는 서서히 흩어진다
떨리는 시선 속에 갇힌 나의 모습
유리처럼 가벼워진 내 몸은
공진 속에서 가라앉듯 스러진다

손끝이 닿는 곳마다 중력이 사라지고
숲을 지나 차가운 바다 위를 날아
포말의 길을 내며 파란 물이 갈라진다
잔물결은 허공에 묻히고, 나는 사라진다
물결 너머로 흘러간 내 오래된 기억들

검푸른 바이칼, 그 얼어붙은 호수 위로
어둠 속 찬란한 빛의 파편들이 쏟아지고
나는 그 속에 잠기듯 길을 잃는다
콩코르드 광장의 잿빛 바람
개선문 아래로 스미는 황혼 속에서
파편처럼 부서진 나의 현실이
모래처럼 무너져 내린다

돌아갈 길은 이미 먼 빛이 되어
별빛 가루처럼 날아 흩어질 때
나는 그곳에 홀로 서 있었다
손에 닿지 않는 기억을 끌어안은 채

겨울바다에 가보았지
미지未知의 새 보고 싶던 새들은 죽고 없었네
그대 생각을 했건만도
매운 해풍海風에 그 진실마저 눈물져 얼어버리고
허무의 불
물이랑 위에 불붙어 있었네
나를 가르치는 건 언제나 시간...
끄덕이며 끄덕이며 겨울 바다에 섰었네

- 김남조『겨울바다』중에서

겨울바다

다가오는 세모歲暮, 지난날들과 오는 날의 경계에 서 있다. 사는 내내 끝을 알 수 없는 선택을 계속 해야 하는 우리의 계절은 언제나 불안정하다. 하지만 긴 겨울을 넘기고 다시 힘차게 날개를 펴는 꿈은 버릴 수 없다. 바람이 차가워지고 있다. 잠시의 여유를 가져야 하는 지금이다.

서해 바닷가에서 이름 모를 갈매기를 바라본다. 쏟아지는 햇살 아래 빛나는 하루가 있었겠지. 다소 힘에 겨웠을지도 모른다. 노을 진 하늘 아래 깃을 고르는 모습에서는 아쉬움이 느껴지지 않는다. 견디고 버티며 사는 것은 다 마찬가지일 테니….

안톤 체호프의 희곡에서는 갈매기로 상징되는 세 부류의 인간형이 나온다. 이상향을 벗어난 갈매기, 현실에 좌절한 갈매기 그리고 역경을 딛고 다시 비상하는 갈매기. 삶이 다소 세속적이면 어떤가. 꿈을 가지고 사는 사람은 행복하다. 모두가 조나단 리빙스턴 시걸이 될 필요는 없다. 주어진 시간을 꿈만 꾸다가 보낸다고 이유 없는 삶은 아니니까 말이다. 누구나 자신의 꿈을 가지고 사는 모습은 아름답다. 파괴와 부활의 드라마가 없다 해도.

이루지 못한 꿈은 아직은 희망이다. 지치고 희미해진 나의 꿈에 트레이싱 페이퍼를 대고 다시 칠을 해야겠다. 내게 꿈은 거창하지도 않은 삶의 의욕일 뿐이다. 빗겨나간 꿈이 삶을 잠식하고 기어코 마지막 영혼까지 파괴해버리는 비운에 빠지지 않은 행운에 감사한다. 일상적이고 평범한 순간순간의 변곡점에 멈춰서서 다시, 다시 깃을 고르자.

아이가 아이였을 때

아이가 아이였을 때
팔을 휘저으며 다녔다
시냇물은 하천이 되고
하천은 강이 되고
강은 바다가 된다고 생각했다
아이가 아이였을 때
자신이 아이라는 것을 모르고
완벽한 인생을 살고 있다고 생각했다

- 페테 한트케

영화 베를린 천사의 시 첫장면에서
알스 다스 킨트 킨트 바 Als das Kind Kind war…
펜으로 써 내려가는 한트케의 시를 읽어주던
부드러운 목소리가 가끔 귓전을 울린다
호텔 창밖으로 아이들이 스케이트를 타고 있다
짧은 겨울의 해는 어느새 기우는데
몇 남지 않은 아이들만 얼음 위를 떠날 줄 모른다
아이들을 유난히 좋아했던 그
그때 청년은 영화를 보며 자신의 유년을 생각했었다
아이가 아이였을 때를
그리고 지금,
거울 속의 중년 남자를 바라보면서 변한 것은
겉모습만이 아님을 인지하는 중이다

Quizas, quizas, quizas

지나간 시절은 먼지 쌓인 유리창처럼 볼 수는 있지만
만질 수 없기에 그는 그 시절을 그리워한다.
유리창을 깰 수 있다면 그때로 돌아갈지 몰라도.
- 영화 화양연화 중에서

섭씨 영하 192도. 이론상 살아있는 생명체를 손상하지 않고 급속냉동하는데 필요한 온도다. 1967년 미국에서 첫 냉동인간을 만들어 캡슐에 넣은 지 반세기가 지났다. 과학과 의학의 비약적인 발전은 불멸의 꿈을 향한 인간의 욕망에도 혁신을 가져왔다. 현재는 혈액 대신 1cc에 200여만 원이나 하는 동결방지제를 넣고 냉동한다고 한다. 얼리는 과정에서 세포가 날카로운 결정이 되어 손상하는 유리화를 막기 위한 것이다. 단세포 생명체의 실험에서 섭씨 10,000도의 순간적인 열로 해동하여 생명 재생에 성공했다. 하지만 인간의 경우에는 아직 요원한 꿈일 뿐이다. 실험에 성공한 단세포 생물과는 달리 인간은 복잡하고 정교한 구조로 되어 있기 때문이다. 하지만 미래는 가늠할 수 없다. 새로운 세상에 깨어나기를 꿈꾸며 냉동인간이 되기를 기다리는 수많은 신청자들. 그들이 기다리는 세상에는 지금보다 나은 현실이 기다리고 있을까.

백선욱의 상상노트 139

 물론 그들의 꿈을 폄하하고 싶지는 않다. 다만 나는, 영원한 생명에의 의지가 없기도 하거니와 설령 심각한 병이 있다고 해도 냉동인간이 되고 싶지는 않다. 어떤 알 수 없는 미래의 시간에 깨어나 치료를 하고 완치가 된다 해도 가족과 친구가 없는 세상에서 과연 행복할 수 있을지 모르겠다. 새로운 삶이 주는 환희가 현재의 고통스러운 현실을 치환할 수도 있겠지만 말이다. 행복은 나에게, 현재의 경험이 아니라 기억이라는 과거형이기에 의미 없는 상상일 뿐이다.
 나탈리 콜의 "Quizas, quizas, quizas"가 흐른다. 금적색 치파오와 흔들리는 걸음걸이. 장만옥과 양조위의 슬픔 젖은 시선이 부드러운 선율에 실려 온다. 홍콩영화 화양연화 가 20주년 기념으로 리마스터링되어 개봉 중이라 한다. 20년 전의 감동, 화양연화. 다시 보면 감흥이 다를 것 같다. 생각해 보면, 그 영화를 볼 당시가 내게는 화양연화의 순간이었다. 하지만 사랑했던 사람들, 현장에서 열정을 쏟으면 함께했던 이들은 이제 내 곁에 없다. 환하게 멈춰선 아름다운 기억들. 머물고 싶은 순간의 잔영만이 남아 있을 뿐이다.
 조용히 접혀지는 내 하루 위를 도닥이며 아직 노래는 끝나지 않았다.

겨울, 아침에

찬 바람마저 얼어붙은
길고 깊은 침묵의 아침
가늘한 온기가 빛의 궤적을 타고

날카롭게 발바닥을 찔러대던 냉기는
한 줌 햇살이 닿은 찰나 녹아내리고
찬 공기 밀어내는 가난한 숨소리만

세상이 얼어붙어도
조그만 가슴에는 희망이 여전하고
이 정도라면, 이 정도쯤이야

눈 감아야만 들리는,
아득하고 여린 속삭임이
겨울 나뭇가지를 흔들고 있다

노천탕에서 눈을 맞으며

 한겨울에 노천 목욕이라니. 목초를 진하게 우려낸 욕조에 온몸을 담그고 하늘을 본다. 발가락 끝에서 목의 뒷부분까지 경맥이 타동 하는 듯 뜨거움에서 시작하는 시원함은 상쾌하기까지 하다. 물의 온기 탓인지 얼굴에 와 닿는 한겨울 공기마저도 개운하다. 자꾸 일어서는 잡생각들을 비우고 있는데 하늘에서 소담스러운 눈송이가 내려온다. 머리에 눈이 닿는 느낌을 더 생생하게 느끼려고 눈을 감는다. 어쩐지 일본원숭이의 모습이 겹쳐져 우스꽝스럽기도 하지만 이런 호사가 어디 있을꼬.

 물이 좋다는 지인의 소개로 두어 달에 한 번, 안산 인근에 있는 온천에 간다. 자동차로 2~30분 정도의 거리에다 입욕료는 동네 사우나보다 싸다. 게다가 비누 없이 씻어도 매끈매끈할 정도로 물의 느낌도 좋다. 간절기에도 좋겠지만 지독한 여름의 열기와 혹한의 추위를 다스리기에 참 알맞은 장소다. 노천의 여러 탕 중 목초 탕의 안내문을 보면 거의 만병통치의 수준이다. 이를 다 믿지 못하는 내가 너무 순수하지 못한 것인가. 하지만 코의 점막을 자극하는 은은한 약초 향으로 보아 몸에 참 좋을 것 같다는 생각이 든다. 따끈한 온천물에 몸을 담그고 얼굴로 맞는 눈은 낭만도 있고 심신안정에 최고다.

 어릴 적 우리 동네에 '현대목욕탕'이 있었다. 얼마나 현대적이었는지 모르지만, 남탕과 여탕 욕조의 아래가 트여있어 같은 물을 사용했다. 지금 생각으로는 꽤 엽기적인 일이긴 하다. 당시의 목욕탕은 물을 덥히고 공급하는 데에 기술적인 애로점이 많았을 것이다. 보름에 한두 번, 명절 전에는 필수코스인 목욕탕은 늘 사람들로 북적거렸다.

 어린 나는 고양이만큼 목욕하는 것이 싫었다. 부모님의 강압으로 일주일에 한 번은 꼭 가야 하는 대중탕의 기억이 좋을 리가 없다. 숨 막히는 열기와 코를 자극하는 냄새, 질색할 만큼 뜨거운 물의 배신. 자꾸 몸을 만지려 드는 아저씨들과 머리에 수건을 얹고 흥얼대는 어른들에게 나는 좀처럼 적응하지 못했다. 상급학교로, 사회로 환경이 바뀌며 목욕탕은 내 생활에서 점차 멀어져 버렸다.

어느새 세상에는 뜨거운 물이 지천이다. 집에서도 여기저기 밸브만 열면 온수가 나온다. 번거롭게 대중탕에 갈 이유도 없고 필요도 느끼지 못한다. 게다가 코로나19로 삶의 패턴이 바뀌었다. 결국, 많은 목욕탕이 문을 닫았다.

요즈음 몸이 예전 같지 않다. 이유 없이 손발이 저린다. 이게 무슨 변고인지 이상징후에 적응하기도 전에 몸은 저항력을 잃는다. 아직은 안 그래도 될 터인데 사실 겁이 난다. 세신이나 세심이 아닌 건강을 회복하기 위해서라니. 목욕의 주된 이유가 절박하고 씁쓸하다.

아, 역시 온천물이 좋긴 하다. 매끈매끈한 피부의 촉감, 나른함이 밀려온다. 몸에 가득 남은 열기를 다스리려고 1층에 있는 무인 판매소에서 아이스크림을 샀다. 이제는 익숙한 키오스크는 사람들의 많은 일자리를 빼앗고 가게 입구에 당당하게 서 있다. 아니, 일할 사람이 없어서 키오스크가 그 자리에 있는지도 모르겠다.

1960년대를 지나 7080을 건너 90과 밀레니엄을 거쳐 이제 21세기도 4분의 1이 지나가고 있다. 세월의 변화와 멈추지 않는 시간의 흐름에 더 저항할 여력도 없다. 다만, 조금 더 순하고 선한 마음으로 살아가련다. 목욕재계한 김에.

나목 裸木

해가 지고 있다
저물기 시작하는 햇빛에 눈을 감는다
지는 해도
눈을 부시게 한다는 것을
오랫동안 잊고 지냈다
감은 눈 속에서 검은 점이 아른대는 동안,
내 남은 생에서
가장 젊은 오늘이 지나가고 있다

빈의자

시간이 멈추고 침묵이 내려앉는다
눈 속에 잠긴 시간
한낮의 발자국마저 사라진 자리
고독이 스민다
차가운 바람, 잊힌 이야기들,
길고 오랜 기다림
흰 눈 위에 쌓여만 가는 그리움
아무런 약속도 없이
기다림의 무게를 견디다보면
 곧 다시 봄도 올 것이다

귀를 기울이면

잘 들어야 해요. 제일 큰 소리가 아니라, 내가 듣고 싶은 소리가 아니라.

안데르센의 동화를 극화한 아동극 '여왕과 나이팅게일'. 아름다운 목소리의 작은 새 나이팅게일이 어린 여왕의 귀에 속삭여 주는 말이다. 남의 이야기를 듣는다는 것이 뭐가 그리 어렵다고 새는 감히 왕에게 충언하는 것일까.

대화는 듣는 것에서 출발한다. 먼저 들어야 상대를 이해할 수 있다. 나의 마음을 전하는 것 역시 잘 따져보면 듣기에서 출발한다. 귀를 열고 잘 들어야 마음을 읽을 수 있다. 어릴 때부터 부모님, 선생님, 그리고 어른들이 내게 해준 많은 말씀은 목소리만 다른, 같은 이야기들이었다. 못이 박히게 들어온 수많은 말들. 지겹다는 한마디로 세상에 버려버린 그 말들이 세상을 잘 사는 지혜의 묘수였음을 지금에야 깨닫는다.

요즘 들어 더욱 마음의 겹이 두꺼워졌다. 특별한 이유도 없다. 굳이 이유를 만들자면 사는 일이 힘에 부치면서 다른 사람들과 교류가 싫어졌다는 정도일까. 확실한 것은, 의도한 외부와의 단절을 통해 마음의 평온을 찾으려는 귀차니즘에서 시작되었을 것이다. 엘리베이터에서 모르는 사람을 만나도 웃으며 인사하고, 누구와도 편하게 일상의 대화도 나누곤 했는데. 이 모두가 팬데믹의 후유증인 것도 같고.

얼마 전 별것도 아닌 일로 40년 지기와 결별했다. 서로 너무 잘 안다고 생각했기에 우리는 결국 서로의 이야기를 끝까지 들어주지 못했다. 여기까지가 우리의 인연이라고 규정하니 잠깐은 마음이 편했다. 하지만 시간이 가면서 가장 가까운 소통 상대의 상실을 절감하고 있다. 후회는 꺼끄러미처럼 일어나 한 박자 늦게 상처가 되는 중이다.

세상 사람들은 자기 말에 귀 기울여주는 사람을 친구로 여긴다. 하지만 다른 사람의 이야기를 잘 들어주는 진정한 경청자는 아무나 할 수 있는 일은 아니다. 그것은 기술의 문제가 아니라 마음의 문제이기 때문이다. 선인들은 나이 들수록 하늘의 뜻을 헤아리고 순해진 귀로 세상을 부드럽게 바라보며 살았다는데. 날이 갈수록 사는 일이 버겁다고 눈도 귀도 닫고 살고 있는 나의 무심함을 어찌할지. 이제라도 늦지는 않았을지도 모른다.

어떻게 하면 잘 들을 수 있을까. 역시 가장 근본적인 필요조건은 마음을 열고 주의 깊게 듣는 자세다. 이는 효과적인 의사소통의 기초를 형성하며 존중과 이해를 나타낸다. 그다음 상대방의 이야기에 집중한다. 두 번째로, 인내심을 가져야 한다. 상대방이 이야기할 때 중간에 말을 끊거나 나의 의견을 끼워 넣지 말고 말을 마칠 때까지 기다린다. 세 번째로, 비언어적인 신호에 주목한다. 상대방의 표정이나 몸의 움직임, 목소리 톤 등을 주의 깊게 관찰하여 무엇을 말하고 있는지 이해한다. 네 번째로, 들은 것을 요약하여 다시 말해준다. 상대방을 진정으로 이해하고 있다는 것을 보여줄 수 있으니. 다른 사람의 말을 잘 들어주고 이해한다는 것은 역시 노력과 수고를 감내해야 하는 일이다.

인생의 반을 훌쩍 넘어 노년을 향하는 나의 막힌 귓전에 커다란 울림으로 남아있는 작은 새의 대사 한마디.

잘 듣는 방법은 배워야 해요, 안 그러면 제일 큰 소리만 듣는다니까.

강 만지기

겨울 강은 부드러워 보였다.
찬바람 속에 손을 넣어 알싸한 강가를 슬며시 더듬어본다.
아주 오래된 어느 설날. 성묘 가는 길이었다. 잠시 차가 저수지 가에 멈춰 섰다. 어른들이 내리자 소년도 따라 내렸다. 파랗게 얼어붙은 물 한가운데 쌓인 하얀 눈. 소년은 강렬한 이끌림에 얼어붙은 저수지 위를 마구 내달렸다. 그러나 몇 걸음 가지 않아 살팍한 얼음은 쩍- 깨져 버렸다.
강물이 소년을 사정없이 밑으로 잡아당겼다. 울컥울컥 입으로 밀려드는 냉기. 머릿속이 수만 조각으로 쪼개지는, 날 선 고통 앞에서 몇 줄기 남은 숨으로 턱없는 저항의 손사래… 어찌할 수 없는 절망이었다. 얼어붙은 시간 위로 진한 나른함이 얹혔다.

 소년의 몸은 급한 박자로 느린 강물을 닮아가고 있었다. 냉각수를 길러 물가로 내려오던 작은 삼촌이 그 모습을 보았다. 얼어가던 시계가 봇물 터지듯 빨라졌다. 딸 셋을 내리 낳고 갖은 핍박 속에서 삼신할미에게 백일치성 드려 얻은 귀둥이는 그렇게 물에서 나와 새 삶을 맞이했다.
 집으로돌아온 소년은 이를 부딪는 한기 속에서 몸을 적셔오던 찬물이 준 깊은 두려움보다 만질 수 없게 된 하얀 눈의 미련에 한동안 슬퍼했다. 소년의 비좁은 가슴을 떠난 복제된 슬픔은 겨울 강가로 숨어버렸다.
 가질 수 없는 것에 대한 몸 떨리는 아쉬움의 실체와 맞닥뜨렸던 첫 기억이다.

Baek SunWook

서기 2020

대망의 70년대가 열리던 첫해, 아이는 어린이 잡지 '새소년'의 여름방학 특집 화보를 통해 21세기와 만났습니다. 버튼만 누르면 기계에서 원하는 음식이 나오는 편한 세상이 올 것이라고 했습니다. 먼 곳에 있는 사람과 얼굴을 보며 통화하게 될 것이며 로봇이 사람의 일을 대신해 줄 것이라고. 또 미래에는 사람들의 손과 발이 퇴화하고 많이 쓰는 머리만 커져 상상 속의 화성인을 닮아 갈 것이라고도 했지요. 하지만 화보 속의 멋진 미래는 그저 잡지 속에서만 머물 것 같았습니다.

수십 년이 지나고 그 아이의 머리가 반백이 될 즈음, 잡지의 예견은 대부분 현실이 되었습니다. 아이가 상상한 21세기보다 훌륭한 미래가 온 것입니다. 자동으로 움직이는 길과 계단. 영상을 통해 수업하고 업무회의를 하는 것은 일상이 되었습니다. 모르는 길을 친절하게 안내하는 지도가 나온 지도 오래전 일입니다. 자동판매기에서 조리된 라면이 나오고 불꽃이 없는 화로에서 음식이 만들어집니다. 스스로 사물을 인지하여 움직이는 집안의 가전제품들도 많습니다. 사람의 목소리를 알아듣고 말의 상대가 되어 주기도 합니다. 온통 인공지능의 세상입니다. 상상하는 속도만큼 기술이 발전하나 봅니다.

초등학교 1학년 국어 교과서에 나온 영희는 오래전 유명한 여배우가 되었고 철수는 대통령에 출마했다가 낙선을 했습니다. 군인 출신도 아닌데 대통령이 될 수 있는 세상. 휴대전화의 작은 창 하나로 세상의 흐름을 읽고 자신의 의견도 당당히 표현합니다. 꿈에도 생각할 수 없었던 일들이 이루어지고 있습니다. 소수의 전유물이던 전문지식의 창고도 원하는 모든 이에게 열려 있어서 누구라도 단어만 입력하면 그에 대한 갖가지 정보가 순식간에 떠오르는 현재입니다. 그저 당연한 일이니까, 이 시대를 사는 우리에게는 그다지 신기할 것도 없습니다. 그런데 가끔 그 익숙함 속에 갑갑함이 치밉니다. 무엇인가를 놓치고 지나가는 것 같아서입니다.

비 오는 여름날, 놀이공원 한쪽 구석에서 녹슬고 있는 로봇을 봅니다. 한때는 관람객들의 호기심과 관심 어린 시선을 한 몸으로 받았겠지요. 멈춰버린 로봇의 얼굴에 렌즈의 초점을 맞춥니다. 녹물이 흘러내리고 있어요. 그렇게 모든 것은 예외도 없이 다 변하는 것이네요. 그런데도 2020년이 절반이나 지나버린 지금, 가장 이상하고 낯선 것은 셔터를 누르고 있는 주름투성이 나의 손입니다.

적야寂夜

마지막 전철이 멀어지고 있다
코트 깃으로 파고드는 섬뜩한 한기가 핏대 선 울대를 조여 온다
허겁지겁 담배에 불을 붙였다. 겨우 숨을 쉴 수 있을 것 같아서다
검은 손마저 그리운 거리,
문드러진 추억을 꾸역꾸역 게워낸다

핀선트 빌럼 판호흐 -길을 가르치다

새벽 5시, 파리 북역을 떠난 SNCF가 7시간의 밤 철길 질주를 마치고 암스테르담 중앙역에 도착했다. 역내 화장실에서 간단한 양치와 세안을 했다. 마주친 몸집 좋은 흑인 남자들과 인사를 나눈다. 여행자들의 여유랄까. 선한 미소의 얼굴들이다. 그중 한 친구는 알라딘의 지니처럼 굵고 큰 링 귀걸이에 옆머리를 바짝 밀고 남은 머리를 땋아서 묶었다. 역 앞 광장은 푸르스름한 새벽의 청량함으로 가득하다. 정갈한 역의 입구에는 각양각색의 튤립들이 사각의 상자에 담겨 빠끔히 고개를 내밀고 있다. 처음 보는 엄청난 꽃판이다. 이곳에서 유럽 전역으로 갈 튤립의 여정이 시작되리라. 반갑게도 역과 광장의 경계에 있는 레스토랑에 불이 켜있다. 크루아상과 커피가 새벽 메뉴의 전부지만 이보다 좋을 수는 없다. 뒷맛까지 개운한 세가프레도 원두의 따뜻한 커피 한 잔과 갓 구워낸 크루아상이라면. 과하지 않은 아침 식사를 마치고 시내로 들어가는 전차를 탄다. 암스테르담은 온통 운하의 도시다. 베네치아가 중세의 장중함을 갖고 있다면 이곳은 동화 속 나라다. 장난감 같은 건물들이 운하를 따라 세트를 꾸민 듯 예쁘다. 객차 2량을 이은 굴절형 전차는 달리는 맛이 괜찮다. 회전할 때마다 꺾이는 데 놀이동산에 있는 기분이다. 속도도 생각보다 빠르고 안정감도 있는 편이다.

'세계를 가다-베네룩스 3국' 낡아 헤지고 있는 책을 펼치고 길을 찾는 일은 여간 어려운 것이 아니다. 결국, 그 동네에서 길을 잃었다. 아직 미술관 개장까지는 시간이 남아있고 처음 와 본 동네에 적응도 하고 싶어 운하를 따라 이리저리 걸었다. 가을의 풍광은 어디나 아름답지만, 이 도시는 특별히 따뜻한 공기가 흐른다. 신선놀음에 시간을 너무 빼앗겨서 조금씩 마음이 조급해진다. 요즘처럼 구글맵이 있었더라면 좋았을 텐데.

대충 도착한 것 같은데 어디가 어딘지 모르겠다. 마침 청소차가 정차해 있다. 여유 있어 보이는 편안한 표정의 청소 아저씨에게 유창한 독일어로 아침 인사를 하고, 서툰 영어로 고흐 뮤지엄이 어디에 있는지 물었다. 내 말을 알아듣은 듯 뭐라는데 도대체가 알아듣지 못하겠다. 주변에 지나는 사람도 없어 다시 작정하고 같은 말을 계속했더니 내 발음이 틀렸다고 교정을 해준다. 내 눈을 보며 손가락으로 자신의 입을 가리킨다. 그의 발음을 따라 반 고호, 반 고흐, 반고후, 반꼬으, 반커우… 아무리 해도 그는 고개를 가로저으며 '네이'를 연발한다. 바보 앵무새처럼 '반고호'를 억양과 길이를 달리해 얼마나 반복했는지 모른다. 그는 결국 포기를 한 듯 고개를 크게 저으며 내 어깨를 감싸 안더니 두어 블록을 함께 걸었다. 그가 손으로 가리키는 곳에 그림처럼 멋진 고흐뮤지엄이 보인다. 드디어 왔구나. 여기까지 안내해준 그가 고맙기는 한데…. 넘치는 친절에 나는 왜 짜증이 날까. 바보처럼 시키는 데로 따라 했다는 자괴감. 그래도 웃으며 감사를 표했다. 그의 환한 미소가 내 뒤통수에 한참을 머문다. 아저씨, 언젠가 한국에 오면 길 잘 가르쳐줄게요.

고흐가 세상을 떠난 지 백 주년. 바쁜 파리출장길에 일부러 작정하고 네덜란드로 건너와 뮤지엄을 찾은 결정은 정말 잘했다는 만족감이 올라온다. 사후 100주년 기념으로 특집 전시도 다양하다. 특히 그의 화풍에 결정적 영향을 준 일본의 우키요에들이 고흐의 작품들과 나란히 전시되어 있었다. 19세기 일본의 도자기가 유럽에서 인기가 있자 의외로 도자기를 포장한 싸구려 우키요에가 파리의 예술가들 눈에 들었다. 동양적 색채와 선에서 예술적 영감을 발견했겠지. 그 영향을 고스란히 받은 고흐는 자신의 느낌으로 여러 우키요에의 그림들을 하나씩 모사를 했는데, 이때부터 화풍이 역동적으로 바뀌기 시작한다. 가늘고 섬세한 선을 굵은 붓으로 거칠게 따라 그리다 보니 독특한 선과 색감이 만들어졌을 거다. 일본에 대한 약간의 문화적 부러움. 미리 21세기 한국문화의 세계성을 미리 알았더라면 그렇게 부러워하지는 않았을 텐데.

가슴 벅차도록 고흐의 숨결을 느끼고 중앙역으로 향하는데 무언가 머리를 지긋이 누른다. 그놈의 '반고흐'. 학교에서는 '반 고호'로 배웠고 독일어 선생님에게 독일어 발음도 칭찬받았던 나인데, 무엇이 잘못된 거지?

삼십 년도 훌쩍 넘어서 구글에서 답을 찾았다. 네덜란드어 표기 규정을 따르면 Vincent van Gogh를 '핀선트 판호흐'로 적어야 한다. 하지만 한국에서는 관용 표기를 존중하여 '고흐, 빈센트 반'을 여전히 표준 표기로 쓴다. 표준국어대사전 에서도 '고흐Gogh'로 실려있다. 그런데 네덜란드어에서는 van이 불가결한 요소라서 Gogh로 줄여 부르지 않고 꼭 Van Gogh라고 부르므로 기존 습관에 어긋나더라도 '고흐' 대신 '반고흐'로 부르는 것이 좋을 것이다. van과 같은 전치사가 성의 일부일 때는 뒤따르는 요소와 붙여 쓰는 것이 원칙이므로 반 고흐가 아니라 반고흐로 써야 한다고. 반고흐는 편의상 표기일 뿐 실제의 발음이 아니었다.

그날 그가 내게 강요한 발음은 '반고흐'가 아니라 '판호흐'였던 것이다. 머릿속에서 이미 고착된 단어인 반고흐가 이런 발음일 거라는 것은, 아무리 그의 입 모양과 목소리를 따라 해도 유추할 수가 없었다. 이제야 그를 이해한다. 자신들의 위대한 천재의 이름이 외국인에게 제대로 불리길 바란 마음을. 누군가 이순신 장군의 이름을 엉망으로 부른다면 나라도 끝까지 고쳐주었을 것이니까. 친절한 암스테르담 청소부여, 어서 대한민국으로 한 번 오시게나.

백선욱의 상상노트

여섯 번째 빙하기

북국에서 온 바람 한 줄기
따스한 남국을 바라보았네 허락되지 않은 환희의 온기 생기의 세상을 보았네 가질 수 없는 슬픔은 분노가 되었어 얼음 나라의 바람은 소리쳤네 모든 것을 덮어 버리리라 파도는 산이 되고 하늘은 갈라지네 찬바람은 외쳤네 모든 것을 덮어 버리리라 강에 잠든 희망들 얼음에 가로막힌 바래 버린 세월이여 바닥에서 시작된 따스한 꿈 하나 얼어붙은 강 아래의 소망들 봄이 올까 봄은 올까 그저 생각이 그저 꿈이 찬바람은 외쳤네 모든 것을 덮어버리리라 강바닥에 잠든 희망들 얼음에 가로막힌 바래버린 세월이여 바닥에서 시작된 따스한 꿈 하나 얼어붙은 강 아래의 소망들 봄은 올까나 내 사랑이 그러하리니 나의 온 사랑이

Baek SunWook

A.D 2024

안개가 삼킨 새벽길
소리가 죽고 시간이 멈춘
아득한 저 너머
흐릿한 빛 사이
하늘과 바다는 경계를 잃었다

소금 낀 나무 바닥이
발걸음 소리를 되찾을 때
교차하던 어둠 사이로
빛의 순간은 또렷하게
깨어날 것이다

길의 끝에 무엇이 있던
그저 끝없는 반복에 그칠지라도
우리 모든 숨을 다해 걷노라면
누구도 알지 못하는 내일은
그렇게
성큼 밝아올 것이다

12월에

백선욱의 상상노트

글 | 사진 백선욱

초판 1쇄 발행 | 2025년 01월 25일

발행인 | 백선욱
발행처 | 도서출판 수수께끼
등록 | 제393-2024-000041호
주소 | 안산시 단원구 원포공원2로 6길, 위너스오션파크 1138호(01437)
TEL | 010-9367-0143
E-mail | sunwuk143@daum.net

ISBN 979-11-990220-1-0 03660

가격18,000원

Copyright©2025 by Baek Sun Wook

이 책의 글과 사진은 저자권법에 의해서 보호를 받는 저작물이므로
작가의 허락없는 무단전재와 무단복제를 금합니다.